湖南省高等继续教育发展
年度报告
（2020）

湖南大众传媒职业技术学院　编著

湖南师范大学出版社
·长沙·

前　言

　　2020 年是决胜全面建成小康社会、决战脱贫攻坚之年，也是"十三五"规划收官之年。面对新冠肺炎疫情暴发带来的大考，湖南省教育系统坚持以习近平新时代中国特色社会主义思想为指导，全面贯彻党的十九大和十九届历次全会精神，在省委、省政府的坚强领导下，迎难而上、砥砺奋进，统筹疫情防控和教育改革发展，决战决胜教育脱贫攻坚，扛过了大疫大考，交出了优异答卷。

　　2020 年，湖南省按照"办好继续教育，加快建设学习型社会，大力提高国民素质"的要求，全面落实立德树人根本任务，创新高等继续教育工作机制，依托和利用现有教育资源，广泛调动全社会力量共同参与，积极探索构建具有湖南特色的终身教育体系。湖南省高等继续教育主动对接湖南产业发展需求和人民群众学习需求，提升供给能力，加快推进高等学历继续教育和非学历继续教育协调发展，职业教育和普通教育相互沟通，职前教育和职后教育有效衔接。建立"学分银行"和个人学习账号，推进学习成果认证、积累和转换制度，促进各级各类教育纵向衔接、横向沟通。因此，湖南省高等继续教育在稳步发展中，取得了诸多可圈可点的成绩。

一是举办高校数量稳中有降。2020年，全省举办高等学历继续教育的高校90所，较上年减少3所；受新冠肺炎疫情影响，全省举办非学历继续教育的高校75所，较上年减少14所，降幅15.73%。全省高校设立校外教学站点（含函授站、现代远程教育校外学习中心、开放教育校外学习点）665个，省内外高校在湘设立校外教学站点683个，均与上年度基本持平。

二是专业结构布局更加合理。2020年，全省高校开设高等学历继续教育本、专科专业点共计2025个，其中调整优化专业点851个，直接服务于我省"三高四新"战略建设，提升专业设置与区域产业发展适配度，为地方经济社会发展培养适配性人才。全省高校坚持质量导向，规范专业设置，建立专业预警和退出机制，增设高等学历继续教育专业点26个，停招98个。普通本科高校高质量办好本科专业，调减专科专业点68个，高等职业学校、开放大学、独立设置成人高校办好优势特色专业。

三是人才培养结构持续优化。2020年，人民群众对高等学历继续教育需求旺盛，全省高校招录高等学历继续教育新生36.07万人，较上年同期增长了14.63%，招生规模增长明显；普通本科高校是高等学历继续教育办学主力，在校生人数46.96万人，占比60.72%；专科层次是社会人员对高等学历继续教育的首选项，但本科层次需求旺盛，本科在校生人数较上年增长61.54%。非学历继续教育受新冠肺炎疫情影响，全省举办非学历继续教育的高校开展培训项目1273项，较上年减少47%；很多培训项目从线下调整为线上，培训班次增加5116班次，增幅47.06%，培训总人数73.72万人次，较上年同期仅减少5.53%。

四是师资保障坚强有力。2020年，湖南省教育行政主管部门多措并举，压实高校办学责任及其对校外教学站点的管理责任，引导高校加强师资队伍建设。全省高校健全校内继续教育教师动态调整机制，规范校外教学站点教师聘任程序，充分调动教师参与继续教育工作的积极性和创造性，逐渐建立一支相对稳定、结构合理、专兼结合、适应继续教育需求的师资队伍。不断优化师资队伍结构，校内继续教育授课教师和校外站点授课教师的占比分别为 70.27%、48.79%，副高以上职称教师分别达到 44.4%、39.07%，教育教学质量有了坚强有力的保障。

五是内部教育教学质量保证体系逐渐完善。全省 63 所高校修订高等继续教育管理制度和教育教学标准，建立健全高等继续教育教学质量保证体系，规范高等继续教育办学行为，提升内部治理能力。全省高校加快数字化资源建设，购置电子图书 63.61 万册、电子期刊 659.43 万册、音视频 234857.55 小时、网络课程 8668 门，有效应对新冠肺炎疫情影响，落实"停课不停教、停课不停学"工作部署。规范教育教学管理，建立校内授课教师师资库，制定科学授课计划，严格把控专业核心课程教学和线下授课时长，探索线上线下"混合式"教学模式，选用与课程契合的教材，保障教学质量。

六是外部质量评估体系不断健全。2020 年，湖南省教育厅通过开展校外教学站点的审查备案、高等学历继续教育拟招生专业的检查和评估、高等继续教育年报采集数据的监控等方式，不断完善高等继续教育质量评估体系，强化政策指导和办学监管，规范高等继续教育办学行为，提升高等继续教育人才培养质量；全省高校质量管理意识不断提升，12 所高校主动引入社会第三方机构开展高等继续教育办学水平和质量评估及认证，75 所高校开展委托（受训）单位、参训学员满意度测评。

七是社会贡献度显著提升。2020 年，全省高校精准服务脱贫攻坚，开设学历继续教育专业点、开展各类培训项目、结对帮扶贫困地区学校，精准培养培训乡村师资，改善帮扶学校教学条件，助力教育扶贫；持续实施农民大学生"订单式"培养计划，培养农民大学生 9900 人，为贫困地区开展劳动力素质提升培训，累计培训 47650 人次；对口援疆援藏，举办各类培训班 11 期，培训人数 2939 人次。全省高校主动服务湖南省"三高四新"战略，聚焦先进制造业，发挥学科专业优势、设备优势、师资优势，开办制造类项目培训 184 个，培训企业员工 16363 人，实现"人才链、教育链与创新链、产业链"有机衔接，提升服务地方产业调结构、促升级的能力。全省高校着力推动学习型社会建设，充分发挥高等继续教育服务功能，深化"政校合作、校校合作、校企合作、校地合作"办学模式，整合政、校、企、地等有效资源，扩展合作办学空间，构建高等继续教育办学共同体，加快推进老年教育、社区教育纵深发展，其中，51 所高校与各级地方政府合作办学、76 所高校与其他省内外学校合作办学、70 所高校与企事业单位合作办学、18 所高校与属地街道社区合作办学。

八是特色创新彰显教育改革成效。2020 年，湖南省教育厅积极探索高等继续教育体制机制改革，组织起草《关于促进湖南省高等学历继续教育规范发展的意见》，提出构建多维度多层次质量评价体系，引入"平台＋教育"服务模式，打造一体化高等学历继续教育省级平台的设想；制定成人高等教育人才培养方案评价标准，细化函授站设置备案的条件和要求，拟定高等继续教育年度发展报告评价标准等，逐步建立高等继续教育标准体系。湖南省高等继续教育扩大国际交流影响力，招收 264 名进修留学生，开展国际交流研修班，培训国际学员 705 人，为出海"湘企"输送人才 651 人、培养专业技术人员 1433 人。

当然，湖南省高等继续教育高质量发展还面临供需矛盾、结构性问题、信息化资源重复建设、体制机制亟需改革创新等问题和挑战，下一步高质量发展的实现路径也逐渐清晰。一是深化高校供给侧结构性改革，有效增加高等继续教育优质供给；二是科学规划专业结构、类型结构、层次结构、区域结构，加快推进高等继续教育结构优化调整；三是有效整合全省高等继续教育资源，建设全省高等继续教育信息化平台；四是聚焦标准体系、评价机制、投入机制、科研支撑能力等，有效创新高等继续教育体制机制。

目　录

图表目录

1.高校概况

1.1 举办高校数量

1.1.1 高等学历继续教育办学规模基本稳定

2020 年，湖南省共有 90 所高校举办了高等学历继续教育，主要包含成人高等教育、现代远程教育、开放教育等多种类型，涵盖了高起专、专升本、高起本等多种学习层次。全省举办高等学历继续教育高校的规模较上一年略有减少，其中，独立设置成人高校数量没有变化，高等职业学校和普通本科高校分别减少 2 所和 1 所。（见图 1-1）

▲图 1-1 近 3 年全省举办高等学历继续教育高校情况
数据来源：湖南省高等继续教育发展年度报告数据采集系统

1.1.2 非学历继续教育举办高校数量明显较少

2020 年，受新冠肺炎疫情影响，全省举办非学历继续教育的高校为 75 所，较上一年减少 14 所，减幅 15.73%。其中，独立设置成人高校和高等职业学校受影响最大，分别减少了 2 所和 9 所，减幅为 33.33% 和 17.31%；普通本科高校受影响较小，仅减少了 3 所，减幅 9.68%。（见图 1-2）

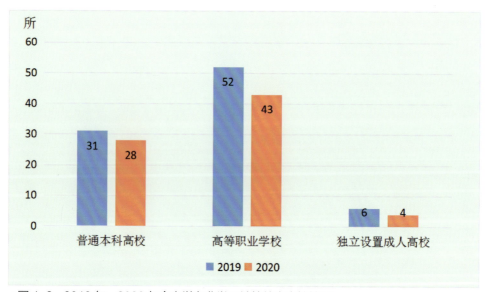

▲图 1-2 2019 年、2020 年全省举办非学历继续教育高校情况

数据来源：湖南省高等继续教育发展年度报告数据采集系统

1.2 校外教学站点规模

1.2.1 校外教学站点较为稳定

2020 年，全省高校校外教学站点的规模与上一年度基本持平。省内高校在省内外设立校外教学站点 665 个，其中，省内设立 430 个，省外设立 235 个。此外，省外高校在湘设立校外教学站点 253 个。

省内高校设立校外教学站点中，以函授站数量最多，有 360 个；现代远程教育校外学习中心次之，有 172 个；开放教育校外学习点数量最少，有 133 个。从空间布局看，省内高校在省内设立函授站的数量是在省外设立数量的 3 倍，而现代远程教育校外学习中心在省外设立的数量则是省内设立数量的 6 倍。（见图 1-3）

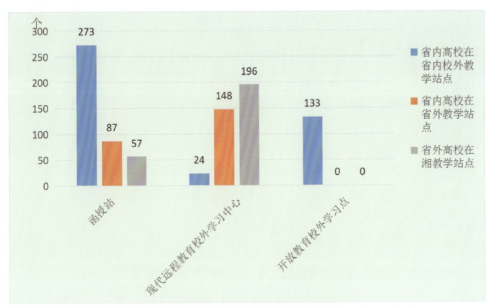

▲图 1-3　2020 年全省高等学历继续教育校外教学站点设置情况

　　数据来源：湖南省教育厅高等教育处、职业教育与成人教育处

1.2.2 函授站的数量增减相当

湖南省教育厅坚持统筹规划与日常监管相结合的原则，加强高校校外函授站的年度审核与备案管理，督促高校强化函授站的建设与监管，有效规范了函授站的管理。2020年，湖南省教育厅审核备案结果显示，省内外高校在湘设立函授站的总量基本保持稳定，共计328个。其中，备案审查合格的函授站290个，新增函授站27个，保留资格13个，撤销站点21个。（见表1-1）与上一年相比，省内普通本科高校备案审查合格函授站和新增函授站的数量较上一年分别增加了11个和13个；省内高等职业学校和独立设置成人高校、省外高校没有新增函授站，且审查合格的函授站数量也有不同程度的减少，其中省内高等职业学校和独立设置成人高校减少了一半。

表 1-1　2020 年高等学历继续教育校外函授站点在湘设置情况　（单位：个；年）

类型	站点数		审查合校备案数		新增站点数		保留办学资格		撤消站点数	
	2019	2020	2019	2020	2019	2020	2019	2020	2019	2020
省内本科高校	245	267	218	229	14	27	13	11	19	11
省内高等职业学校及独立设置成人高校	13	6	12	6	0	0	1	0	2	3
外省本科高校	69	55	67	55	0	0	2	2	6	7

数据来源：湖南省教育厅高等教育处、职业教育与成人教育处

2. 专业设置

2.1 专业设置路径

2.1.1 专业设置服务湖南产业集群

2020 年，湖南省贯彻落实习近平总书记考察湖南重要讲话精神，大力实施"三高四新"战略，奋力打造工程机械、轨道交通、新材料、电子信息等15 个千亿产业集群。全省高等学历继续教育积极服务加快构建现代产业体系建设要求，进一步调整专业布局，增强专业适应性，主动对接湖南产业发展需求，以工程机械、先进轨道交通装备、航空航天等优势产业集群为重点，围绕信息技术、加工制造、财经商贸、交通运输等四个大类开设相关专业点851 个（见图 2-1），提升了专业设置与区域产业发展适配度，使高等学历继续教育更好地适应区域产业发展需求，为先进制造业、战略性新兴产业和现代服务业领域培养了优秀的应用型人才，更好地服务地方经济社会发展。

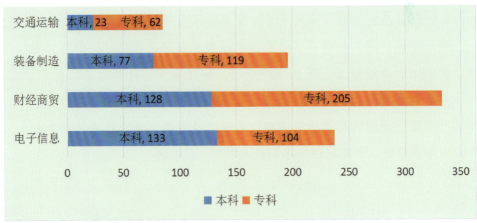

▲图 2-1　2020 年全省高等学历继续教育 4 个专业大类专业点分布情况
　　数据来源：高等学历继续教育专业设置平台

2.1.2　专业设置突出优势特色

2020 年，湖南省教育厅坚持质量导向，围绕提升人才培养质量，分类分层加强对高等学历继续教育专业设置的管理，引导全省各高校根据本校全日制教育办学优势特色和自身办学条件，设置相应学历层次专业。其中，普通本科高校高质量办好高等学历继续教育本科专业，调减专科专业点 68 个；高等职业学校夯实自身办学基础，扎实办好高等学历继续教育专科专业；开放大学和独立设置的成人高校根据自身办学能力和服务面向定位，认真办好优势特色专业。

案例 2-1：强化专业设置，彰显学校专业特色

长沙理工大学围绕湖南省"三高四新"战略的重点领域和急需领域，坚持以普教专业为依托，发挥学校学科优势，科学调整专业设置，强化特色专业建设，突出交通、电力、轻工、水利等特色专业，同时撤销 11 个生源规模少、社会需求低的专业。

湖南高速铁路职业技术学院聚焦高铁及轨道交通产业，围绕高铁产业链中的工程建设、运营维护及多元化服务等环节，进行"深度融入、全链覆盖"高铁全产业链，设置铁道桥梁隧道工程技术、铁道通信自动控制、铁路物流管理等 6 个特色专业，形成对接高铁产业链上下游的专业格局，建立起一套符合成人教育特点、符合人才培养目的、专业定位科学的成人教育管理体系。

2.2 专业结构布局

2.2.1 专业结构不断优化

湖南省高等学历继续教育专业设置实施统筹管理，各高校紧跟社会需求，自主动态调整专业设置，已基本构建了人才培养特色鲜明、服务社会能力强劲的学科专业体系。2020 年，全省高校开设的高等学历继续教育专业涵盖了本科专业 12 个学科门类和高职专业 19 个专业大类，共计 2025 个专业点。

高等学历继续教育专业点布局符合社会需要，"高起专"专业点数量最多，共 1012 个，占比 49.98%；"专升本"其次，共 713 个，占比 35.21%；"高起本"专业点数量最少，共 300 个，占比 14.81%。普通本科高校是举办高等学历继续教育的主体，开设专业点最多，共计 1169 个，占 57.73%；高等职业学校开设专业点居次，共有 615 个，占 30.37%，独立设置成人高校 241 个，占比最少，仅 11.9%。（见图 2-2）

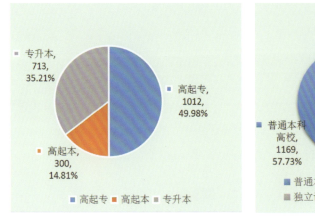 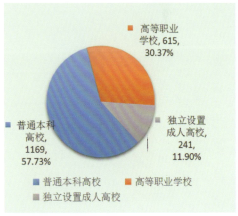

▲图 2-2　2020 年全省高等学历继续教育专业点设置情况
　　数据来源：高等学历继续教育专业设置平台

2.2.2 专业建设质量稳步提升

2020 年，湖南省教育厅引导全省高校持续加强高等学历继续教育专业建设，明确专业建设目标和要求，开展专业设置的必要性和可行性论证，建立专业预警和退出机制。同时，以拟招生专业填报为抓手，规范专业设置，发挥专业设置指导委员会作用，统筹指导全省高校加强专业结构调整和内涵建设。全省高校围绕人才培养方案、教育教学改革、师资队伍及社会服务等方面，对现设专业进行全面梳理和调整，避免片面追求数量，盲目追求"短、平、快"，力求做到"精、优、特"。

2020 年，全省高等学历继续教育专业点整体调整力度较上一年偏小，仅新增 26 个，停招 98 个。在不同类型高校中，普通本科高校专业点调整力度较大，新增 10 个，停招 68 个；高等职业学校专业点调整居其次，新增 11 个，停招 27 个；独立设置成人高校专业点调整较少，新增 5 个，停招 3 个。（见图 2-3）

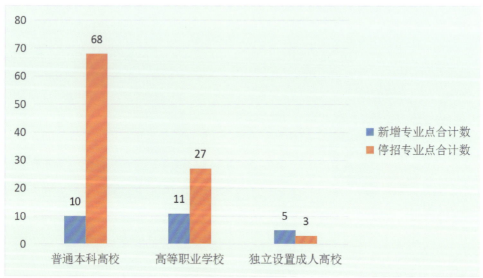

▲图 2-3　2020 年全省高等学历继续教育专业点调整情况
数据来源：湖南省教育厅高等教育处、职业教育与成人教育处

2.3 人才培养方案监管

2.3.1 人才培养方案检查评估常态化

2018 年以来，湖南省教育厅持续开展拟招生专业人才培养方案审核工作，组织专家对全省高等学历继续教育拟招生专业的人才培养方案进行常态化审核，并将结果全省通报，引导全省高校规范办学行为，提升高等学历继续教育人才培养质量。2020 年，在全省高校提交的拟招生专业、新增专业的人才培养方案中，检查论证"合格"2001 个，"基本合格"83 个，"不合格"31 个，检查评估通过率超过 98.53%。（见图 2-4）湖南省教育厅充分运用常态化检查评估结果，引导全省高校规范拟招生专业人才培养方案的编制，编制质量不断提高。

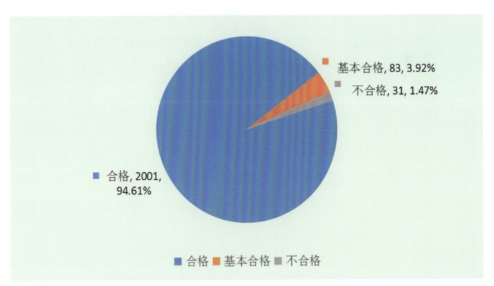

▲图 2-4 2020 年全省高等学历继续教育拟招生专业、新增专业的人才培养方案检查评估情况
数据来源：湖南省教育厅高等教育处、职业教育与成人教育处

2.3.2 人才培养方案突出实践特色

人才培养方案是高等学历继续教育人才培养质量的重要保障。2020 年，全省高校认真修订高等学历继续教育人才培养方案，遵循高等教育规律和职业人才成长规律，培养具有较高综合素养、适应职业发展需要、具有创新意识的应用型人才，以行业发展对专业职业能力和岗位技能的需求为前提，坚持理论与实践教学、能力与素质、职业技能与就业能力作为一个整体设计人才培养方案，通过调整课程结构，增加实践和技能训练教学课时安排，强化实验、实习、实训等教学环节，突出实践能力的培养。

案例 2-2：厘定工作标准，规范人才培养方案的制订

湘潭大学厘定工作标准，建立人才培养方案制订机制。一是坚持立德树人根本任务。严格思想政治课程开设数量和教材的选用。二是突出应用性、针对性和前瞻性。强化学生应用能力的培养，专业课程突出实用性，注重新知识、新技术、新工艺的讲授。三是统一性与多样性相结合。严格规范人才培养方案制订的框架体系，保持统一性。同时，突出各专业特点，保持内容的多样性。在人才培养方案修订工作中，该校明确规定课程数量和学习时长，确保人才培养质量。

3. 人才培养

3.1 高等学历继续教育

3.1.1 高等学历继续教育需求增长明显

近年来，随着新知识、新技术、新工艺的快速更迭，人民群众对学历提升的需求依然旺盛，高等学历继续教育的发展空间依然很大。2020 年，全省高等学历继续教育共招录新生 36.07 万人，在校生人数 77.33 万人，分别比上一年同期增长了 14.63% 和 8.08%。

从高校办学类型看，普通本科高校是高等学历继续教育的办学主力，在校生人数是 46.96 万人，占比 60.72%；其次是独立设置成人高校的在校生人数为 22.23 万人，占比 28.74%；高等职业学校办学规模最小，在校生人数仅有 8.15 万人。与上一年相比，独立设置成人高校在校生人数增量最多，增加了 3.14 万人；高等职业学校增加了 1.71 万人；普通本科高校在校生人数增幅最小，仅增加 0.92 万人。（见图 3-1）

▲图 3-1　近 3 年全省高等学历继续教育在校生人数变化情况

数据来源：湖南省高等继续教育发展年度报告数据采集系统

从教育层次上看，"高起专"仍然是社会人员对高等学历继续教育的首选项，在校生人数最多，有44.26万人；专科毕业后继续攻读本科的"专升本"人数也相对较多，共有28.04万人；由于成人考试、学习难度及学生自身文化水平限制等多方面原因，选择就读"高起本"的人数很少，仅有5.03万人。但是，随着就业市场上学历层次普遍提高，高等学历继续教育的本科需求旺盛，"高起本"在校生人数较上一年增长了50.29%，"专升本"人数也增长了11.25%，而"高起专"人数仅增长了2.93%。（见图3-2）

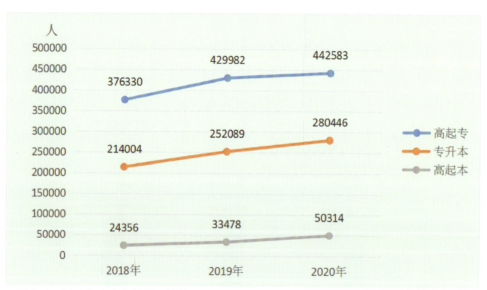

▲图3-2　近3年全省高等学历继续教育不同学历层次的在校生人数变化情况
数据来源：湖南省高等继续教育发展年度报告数据采集系统

从教育类型看，举办成人高等教育类型的高校及站点多、设置专业多，在校生人数也最多，共计54.91万人；其次是开放教育，共计20.24万人；而现代远程教育仅有1所学校举办，在校生人数最少，仅2.18万人。与上一年相比，成人高等教育和开放教育的在校生规模增长幅度基本持平，分别增长了14.24%和13.68%，现代远程教育各专业已全面停止招生，在校生人数下降了61.59%。（见图3-3）

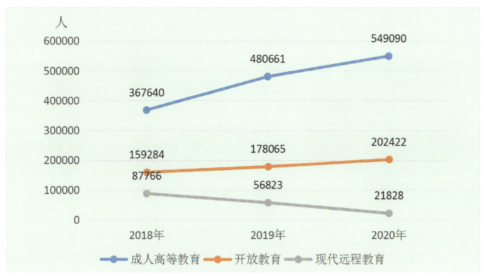

▲图 3-3 近 3 年全省高等学历继续教育不同教育类型的在校生人数变化情况
数据来源：湖南省高等继续教育发展年度报告数据采集系统

3.1.2 高等学历继续教育生源分布合理

　　湖南省高等学历继续教育以满足省内社会人员提升学历层次的需求为主，并服务周边省市。2020 年，全省高等学历继续教育在校生中，以湖南籍学生为主，共 58.93 万人，占比 76.2%；其次是与湖南相邻的广东省，在推进粤港澳大湾区建设中，社会人员对学历提升的需求也在增长，来湘求学的广东籍学生越来越多，共 4.29 万人，占比 5.55%；其他生源地学生占比较高的省份依次是贵州、云南、山西、重庆、广西等。（见图 3-4）

　　从性别看，全省高等学历继续教育在校学生中，男女比例保持相对稳定。其中，女生人数 39.52 万人，占比 51.11%，比男生高 2 个百分点。（见图 3-5）

　　从年龄结构看，介于 26～35 岁的学生占比超过四成，反映出工作相对稳定后对学历提升的需求较大；其次是 18～25 岁也是学习的主力军，占比近四成；35 岁以上的学生群体践行终身教育理念，人数占比超过 20%；在职业教育快速发展的背景下，18 岁以下的学生选择高等学历继续教育的人数很少，仅占 1.3%。（见图 3-6）

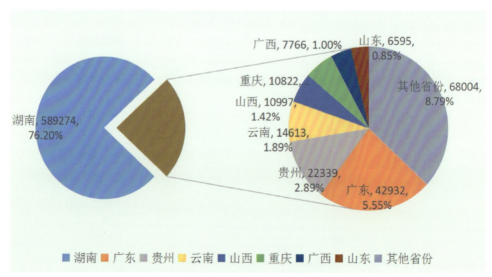

▲图 3-4　2020 年全省高等学历继续教育在校生生源地分布情况
　　数据来源：湖南省高等继续教育发展年度报告数据采集系统

▲图 3-5　2020 年全省高等学历继续教育在校生性别分布情况
　　数据来源：湖南省高等继续教育发展年度报告数据采集系统

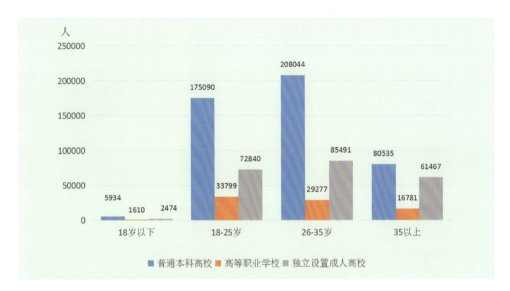

▲图 3-6　2020 年全省高等学历继续教育在校生年龄分布情况

　　数据来源：湖南省高等继续教育发展年度报告数据采集系统

　　从民族结构上看，在校学生来自 50 多个民族，其中汉族是主体，人数最多，占了近九成；土家族、苗族的在校生人数均超过万人；侗族、瑶族、壮族等 9 个民族的在校生人数超千人，其他民族的在校生人数均在千人以下。（见图 3-7）

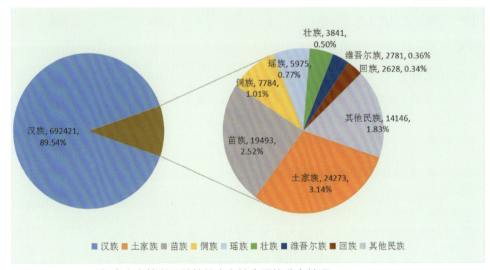

▲图 3-7　2020 年全省高等学历继续教育在校生民族分布情况

　　数据来源：湖南省高等继续教育发展年度报告数据采集系统

　　从职业构成看，"专业技术人员""办事人员和有关人员"等职业群体占比超过六成，基本与上一年持平。之后依次是"待业人员""商业、服务业人员""农、林、牧、渔、水利业生产人员""国家机关、党群组织、企业、事业单位负责人""生产、运输设备操作人员及有关人员""军人"等。在乡村振兴大的背景下，"农、林、牧、渔、水利业生产人员"占比较上一年有一定的提升。（见表3-1）

表3-1　2020年全省高等学历继续教育在校生职业分布情况

职业名称	学生人数	占在校生人数比例
专业技术人员	280981	36.33%
办事人员和有关人员	190931	24.69%
待业人员	96451	12.47%
商业、服务业人员	70308	9.09%
农、林、牧、渔、水利业生产人员	32101	4.15%
国家机关、党群组织、企业、事业单位负责人	18630	2.41%
生产、运输设备操作人员及有关人员	16086	2.08%
军人	11931	1.54%
其他从业人员	55923	7.23%

数据来源：湖南省高等继续教育发展年度报告数据采集系统

3.1.3　人才培养模式改革逐步深化

　　2020年，湖南省高校主动对接国家和区域发展战略需求，围绕高等学历继续教育的学习特点和应用型人才培养目标，优化更新专业知识结构，调整优化专业课程体系，定期修订和更新高等学历继续教育人才培养方案，适时调整教学计划、完善课程教学大纲、改进教学方式。全省高校大力推进教育教学平台和服务管理平台建设，加强校企合作和教学资源建设，基本构建了学校课程、校企联合课程、学生自主学习课程"三位一体"课程体系，形成了线上与线下相结合、学校师资与企业行业师资相结合、学校资源与企业资源相结合的高等学历继续教育人才培养模式。

案例 3-1：建好"三支队伍"，打造"四种课堂"，提升学历继续教育人才培养质效

湖南生物机电职业技术学院高等学历继续教育以建好"管理人员队伍、授课教师队伍、跟踪服务队伍"三支队伍、打造"教室课堂、田间课堂、网络课堂、院落课堂"四种课堂为重点，不断深化人才培养模式改革，取得明显成效。2020 年，学院高等继续教育教师资源库中校外兼职教师 50 多人，授课教师中本校教师占比 60% 以上、高级职称教师达到 88.61%；编辑出版继续教材 30 多本，开发南方水稻生产技术等专业核心课程 20 多门；针对高等继续教育生源多样化及认知特点，构建了通识教育课程、专业课程、实践课程、素质拓展课程"四位一体"课程体系，与生源地政府和企业共建了 10 多个相对稳定、运行良好的校外教学实训基地，组织专家教授开展送教上门，加强人才培养跟踪服务。

3.2 非学历继续教育

3.2.1 非学历继续教育受新冠肺炎疫情影响大

2020年，受新冠肺炎疫情影响，全省举办非学历继续教育的高校有75所，开展培训项目1273项，开办培训班15987班次，培训学员73.72万人次。与上一年相比，举办高校数减少14所，减幅15.73%；很多培训项目因无法线下授课，被迫按下暂停键，造成高校开展的培训项目数大幅减少，减幅高达47%；很多培训项目由线下调整为线上，开办培训班次反而增加了47.06%，培训总人数仅减少了5.53%。（见表3-2）

表3-2 近2年全省高校举办非学历继续教育规模对比情况

年度	学校总数	项目总数	总班次	总人次
2019	89	2402	10871	780401
2020	75	1273	15987	737236

数据来源：湖南省高等继续教育发展年度报告数据采集系统

新冠肺炎疫情也影响了非学历继续教育的培训形式，面授、混合式的培训项目及培训人次锐减，而线上培训成为了主流趋势。其中，面授项目1130项，培训37.69万人次，相比上一年分别减少了49.76%、40.19%；混合式项目数量和培训人次分别是88项、4.28万人次，较上一年同比减少了30.16%、48.69%。但是，学习需求依然旺盛，更多单位或个人选择参加线上学习，线上培训项目55项，培训31.75万人次，分别比上年增长了1倍和近4倍。（见图3-8）

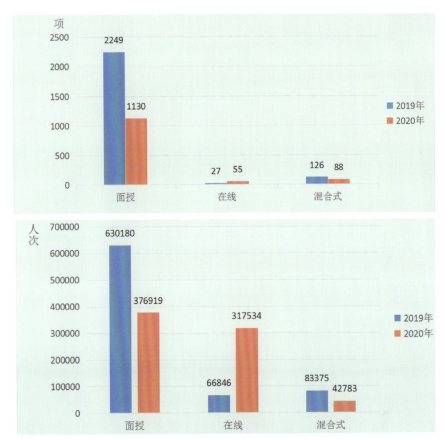

▲图3-8 近2年全省高校举办非学历继续教育培训形式对比情况

数据来源：湖南省高等继续教育发展年度报告数据采集系统

案例3-2：构建"互联网＋继续教育"模式，消解新冠肺炎疫情影响

湖南机电职业技术学院在新冠肺炎疫情期间，探索"互联网＋继续教育"培训模式，创新推动长沙县企业员工职业技能提升行动。该校有效利用微信群、腾讯课堂、钉钉等软件，将线下"小课堂"与线上直播平台相结合开展教学，方便师生学习与交流。各培训班负责人每天坚持线上查签，督促每个学员实时参与学习，及时统计学员学习时长，提高了培训效率，保证了培训质量。2020年新冠肺炎疫情期间，该校为长沙县13个企业举办了5期的焊接、钳工、汽修等培训班，培训高技能人才共计512人次，做到"疫情来袭，技能培训不打烊，技能学习不掉队"。

▲图 3-9 授课教师在铁建重工培训班上线上教学

3.2.2 非学历继续教育满足职业能力提升需求

2020 年，湖南省非学历继续教育对象涵盖了党政干部、企业职工、专业技术人员、农民工等不同社会群体，覆盖了教育、农业、金融业、制造业等 20 多个行业，培训内容、培训模式及办班方式多样，主要包括岗前基础、理论知识、管理能力、技术技能等培训内容，有面授、在线和混合式 3 种培训形式，有自办班、委托办班、合作办班等多种办班方式，培训灵活性、便捷性增强，有效满足了不同社会群体对职业能力提升的要求。

2020 年，全省高校举办非学历继续教育的培训对象主要是"企业职工""专业技术人员""高校学生""党政干部""残疾人"等群体，占了总培训人数的九成，其中又以"企业职工""专业技术人员""高校学生"人数占比较大，均在 10% 以上。（见图 3-10）

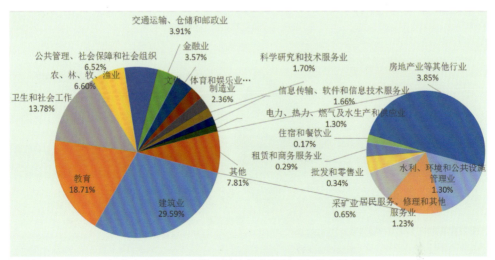

▲图 3-10　2020 年全省高校举办非学历继续教育培训对象分布情况

数据来源：湖南省高等继续教育发展年度报告数据采集系统

　　2020 年，全省高校举办非学历继续教育涵盖的 20 余个行业中，"建筑""教育""卫生和社会工作" 3 个行业的培训人数超过六成，其中，"建筑"行业参训人员占了近三成。其他占比较高的行业主要有"农、林、牧、渔业""公共管理、社会保障和社会组织""交通运输、仓储和邮政业""金融业""文化、体育和娱乐业""制造业"等。（见图 3-11）

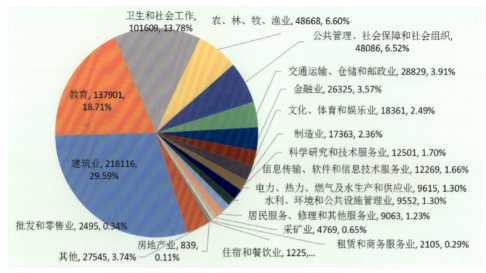

▲图3-11 2020年全省高校举办非学历继续教育培训行业分布情况

数据来源：湖南省高等继续教育发展年度报告数据采集系统

案例3-3：创新培训模式，提升培训效果

湘南幼儿师范高等专科学校创新"二地三段"式培训模式，实现"本地培训"和"异地培训"结合，"集中培训""网络学习"和"教师工作坊"结合，丰富培训方式，提升培训效果。在2020年郴州市幼儿园园长岗位任职资格培训项目中，该校把理论学习与实地观摩、岗前学习与返岗实践、线上学习与线下学习相结合，利用网络平台优势，进行线上学习研讨和教师工作坊，完成了集中培训72个学时、网络学习178个学时、教师工作坊50个学时，共300学时的学习。训后跟踪指导，借助信息化手段，采用"1平台（师训宝）+4阶段"的嵌入式训后跟踪实施的方案，组织专家为学员提供持续性的训后跟踪指导，以训后跟踪研修任务，驱动学员继续学习和思考。

3.3　思想政治教育

3.3.1　思政工作新格局逐步形成

　　全省高校落实立德树人根本任务，把思想政治工作贯穿教育教学全过程，实现全过程育人、全方位育人。严格按照教育部有关要求设置思想政治理论课程，选优配强思政课教师队伍，规范使用马克思主义理论研究和建设工程重点教材，切实发挥思想政治理论课的主渠道主阵地作用。2020 年，全省高等学历继续教育开设面授、线上、混合式的思政课程共计 1208 门，思政课教师 1751 人。同时，全省高校把思想政治教育有机融入各门课程的教学和改革，实现知识传授与价值引领的有效结合，有效推动"思政课程"与"课程思政"同向同行，创新协同育人新模式，探索高等学历继续教育思想政治工作新思路，提高思政工作水平。2020 年，湖南科技大学、湖南大众传媒职业技术学院、长沙环保职业技术学院等 10 余所高校组织思政课教师开展"抗疫思政课"，用疫情防控的素材转化为深刻而鲜活的教材，讲好抗疫故事，传播抗疫精神，引导并坚定学生战胜疫情的决心和信心。

案例 3-4：强化课程思政，落实立德树人

　　湖南开放大学推进"课程思政"建设，成立"课程思政"教学团队，制定《深入推进"课程思政"工作实施方案》，召开多次线上全省开大系统课程思政教学研讨专题培训，组织"课程思政"系列教学竞赛活动，形成"以赛促教，以赛促研"氛围，引导全员更新育人理念，提高思政育人能力。2020 年，该校组织校内第二届"课程思政"说课比赛和全省系统开放教育"课程思政"教学设计大赛，向国家开放大学选送 22 个作品参加全国"课程思政"教学设计方案大赛，共有 17 个获奖，获奖率 77.3%，湖南分部荣获优秀组织奖第一名。该校课程思政教学成效明显，涌现出一大批优秀学生代表，如党的十九大代表、国家非遗传承人粟田梅，全国人大代表杨娟娟、肖又香等。

湘潭医卫职业技术学院紧紧围绕能力提升目标，在培训路径上打造出"讲、学、做"的课程思政新模式。在"讲"上下功夫。请大咖，用前沿理论深深感染学员，增强课堂吸引力。设模块，将培训内容精心设计成课程思政元素挖掘、课程思政教学设计、课程思政教学实施和学习成果展评4大板块，被学员们盛赞"干货"满满。在"学"上做文章。重示范，将示范课与"大咖课"交叉安排，由学校教学团队的名师主讲，名师们扎实的理论功底和精彩的授课，引领学员强化理论认知。勤交流，每堂理论课后紧跟一堂"练习＋讨论"课，在交流中提升，实现了观点的碰撞和智慧的交融。在"做"上出实效。抓实战，学员们利用课余时间，将课堂所学、个人所思和交流所得三者凝聚于各自的作品中。出成效，通过组内推荐、专家评选，优秀作品破茧而出，学员作品演示环节精彩纷呈，为同行提供了可资借鉴的范本。学员课程思政建设的意识不断增强，课程思政建设的能力明显提升。

3.3.2 校园文化营造育人软环境

全省高校重视校园文化建设，以规章制度、校园环境、文体活动为载体，讲述校史，诠释校训、校风、学风、教风，及学校的教育理念，营造育人软环境，发挥校园文化隐性教育功能。2020年，全省高校组建高等学历继续教育学生社团177个，开展各类社团文体活动1302项，参与学生5万余人次，强化了高校中高等继续教育学生的归属感，培养了学生的兴趣爱好，提升了学生的品格修养，发挥了学生社团在实践育人、文化育人、网络育人等方面的积极作用。

案例 3-5：健全校园文化育人体系，营造育人氛围

湖南农业大学坚持"用心做教育，用爱育人才"办学理念，结合高等继续教育学生个性特点和需求,完善"八大素质拓展体系""一月一主题"和"五育"计划，构建校园文化育人体系。该校充分发挥学生组织育人作用，设立学生安全委员会和宿管委员会两个学生自治组织，组织成立辩论队、青年志愿者协会，球类（足球、篮球、乒乓球、羽毛球、排球）、艺术类（声乐队、表演队、主持队、舞蹈队、礼仪队）和兴趣类（摄影、朗诵、辩论、武术、篮球宝贝、画画、围棋、象棋、五子棋、文学）学生社团，引导高等继续教育学生（学员）开展丰富多彩的社团活动，营造积极向上的校园文化。

▲图 3-12　完善八大素质拓展体系

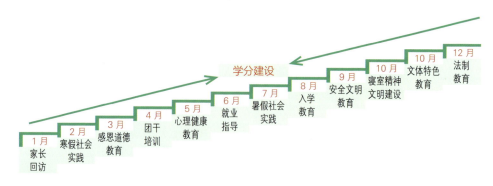

▲图 3-13　开展"一月一主题"活动

▲图 3-14　实施"五育"计划

3.4 学生学习效果

3.4.1 学生（学员）测评满意度较高

2020 年，全省 79 所高校通过线上、线下等方式，面向受教育学生（学员）开展满意度抽样调查,内容主要涵盖了"课程设置""师资水平""学习形式""考核方式""教学效果""学籍管理""学习服务与支持"等。从全省高校的测评结果看,接受高等继续教育的学生(学员)对学校的整体认可度普遍较高。其中,学生对"课程设置""教学效果""学籍管理""学习服务与支持"等方面的满意度均在 80% 以上；当然，也有部分学校的学生（学员）对"师资水平""教学方式""考核方式"等提出了更高要求和个性化需求。

案例 3-6：坚持教育教学改革，提高学生（学员）满意率

湖南师范大学扎实推进教育教学改革，根据学生需求及学习特点,改进教学设计,优化教学条件,探索教学改革,不断提升办学质量,学生满意率高位稳定。2020 年底，该校围绕课程安排、学习服务支持、线上学习等 12 个方面，面向在校学生开展问卷调查，全面评估教育教学成效。调查结果显示，该校高等继续教育学生对教育教学安排满意度高达 85% 以上，而且教育教学质量大幅提升，涌现出优秀毕业生 500 多人。

湖南中医药高等专科学校牢固树立"以学生（学员）为中心"理念，不断优化培训资源，提升教育教学质量。该校为全面了解培训学员的满意度，科学设计了"学员学习满意度调查表"，通过电话调研、QQ 回访、现场发放问卷等方式，对学员进行满意度测评。2020 年，测评结果显示学员对学校高等继续教育授课老师、教学内容、教学安排、教学管理、学习服务、学籍管理等，都高度认可，满意度在 90% 以上。

3.4.2 毕业学生（学员）社会认可度高

2020 年，全省有 73 所高校通过问卷调查、电话访问、网络调查等方式对毕业学生（学员）工作现状进行抽样跟踪调查。从调查结果看，毕业学生（学员）工作普遍稳定，对现有工作的工作环境、工作福利等满意的超过九成，其中工作能力得到雇主赏识或认可的占到七成，毕业 3 年内职位晋升占了近五成。

案例 3-7：就业创业升学百花齐放，业务骨干行业认可

湖南农业大学的学生在创业就业和升学中均取得了优异成绩。一是就业创业百花齐放，涌现了一批优秀的高校毕业生。学生在服务"三农"、脱贫攻坚、产业兴湘等领域取得优异成绩。2019 级学生曾尔辉获评全国扶贫先进个人、盘凤成获评全国民族工作先进个人等。学生皮槟语开办了东莞市辉美达电子有限公司，郑艳蝶开办了湖南锦华汽车部件有限公司，苏浩开办了两家孟婆家的酸汤肥牛米粉店，谭玲开办了花卉园艺店等。二是考研上线率有所增加，2020 届毕业生共 84 人参加研究生考试，53 人上线，最终被录取 47 人。

湖南中医药大学毕业生在学历提升后，受到用人单位高度肯定，很多人成长为省市级医院领导、业务骨干和企业主要管理人员，如深圳市景田医院董事长覃文仲、美国辉瑞医药湖南区域经理毛盾、湖南中青旅国际旅行社总经理陈敏等。该校毕业生为振兴地区医药卫生事业和社会经济做出了积极贡献。2020 年，毕业生罗红财、洪亮、曾柯文等反哺母校，捐赠 17 余万元。

4. 质量保证

4.1 制度建设

4.1.1 监管机制规范高校高等继续教育办学行为

湖南省教育厅落实高等学历继续教育监管职责，加强质量监督评估，以拟招生专业填报、人才培养方案检查、校外教学站点审查备案、高等继续教育年报编制等方式为抓手，丰富高等学历继续教育监管方式和手段，强化对主办高校和校外教学站点的管理，对专业设置和人才培养开展定期与不定期相结合、常规与专项相结合的检查，切实履行监管指导职责。教育主管部门通过检查评估的方式开展事中事后监管，利用约束激励措施，引导高校明确办学定位，强化办学主体责任，完善人才培养体系，加大办学投入，优化师资力量配置，推进资源和平台建设，严格校外教学站点管理等。

案例 4-1：以学位考试为抓手，提升成人高等学历教育办学质量

湘南学院以"学位考试"为抓手，充分发挥考试杠杆作用，提升高等学历教育教学质量。一是加强制度保障。该校制定《成人高等教育本科毕业生学士学位授予实施方案》，明确规定了申请学士学位的条件，要求必须参加学校组织的学士学位考试，并完成培养方案所规定的课程，平均分达到 65 分以上。二是规范教学管理。该校"混合式"教学模式要求每门网络课程学习时长 400 分钟以上且考试合格，每个专业都要完成 4～5 门专业课程网络学习，并于每个学期选择一门专业主干课程实行"期末面授统考制度"。三是严格考试管理。考前 5 天组织教师集中命题，学校纪检监察室全程监督，所有命题教师和试卷接触工作人员必须签订保密承诺书，严格执行回避制度。该校发挥考试杠杆作用，有效引导学生端正学习态度，提高学习效果。2020 年，该校高等学历继续教育学习风气大为改观，1059 名成人本科毕业生报名参加的学士学位考试，182 名学生通过考核获得学士学位，通过率为 17.18%。

4.1.2 制度建设促进高等继续教育内涵发展

全省高校加快推进高等继续教育改革，不断加强制度建设，提升高等继续教育治理能力，规范高等继续教育办学行为，提高人才培养质量。2020年，全省共有63所高校修订了高等继续教育管理制度和教育教学标准，健全高等继续教育教学制度体系，强化了高校自我约束和管理，规范了工作流程，做好了招生、教学、考试、学籍、证书、校外教学站点等各环节的质量监控工作，把好了招生入口关、人才培养过程关、毕业出口关。

案例 4-2：抓好制度建设，规范办学行为

湖南工程学院坚持制度建设"两手抓"：一是抓制度完善。修订了《继续教育教学管理规定》《成人高等学历教育教师聘任规定》《继续教育考试管理规定》等十余项管理制度，形成了完备的高等继续教育管理制度体系，进一步规范了办学行为。二是抓制度落实。严格学籍管理，对1407名学生作出退学处理，有效提升制度执行力，形成制度威慑力。

4.2 师资保障

4.2.1 校内师资配置不断优化

全省高校多措并举，充分调动校内教师参与高等继续教育工作的积极性和创造性，逐渐建立了一支相对稳定、结构合理、专兼结合、适应高等继续教育需求的师资队伍，高质量参与高等学历继续教育教学工作和非学历继续教育培训项目。

2020年，全省高校校内高等继续教育师资队伍结构趋于合理。聘任的专兼职教师人数与上一年基本持平，共计15889人，主要包括授课教师11165人，辅导员（班主任）教师2760人，管理人员1964人，其中授课教师占比70.27%。（见图4-1）

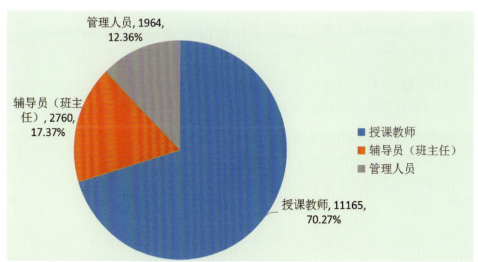

▲图4-1 全省高校校内高等继续教育教师结构类型比例
数据来源：湖南省高等继续教育发展年度报告数据采集系统

全省高校校内高等继续教育师资队伍的职称结构不断优化。其中，授课教师副高职称以上4957人，占44.4%；而辅导员（班主任）教师、管理人员中以中级职称为主体，占比分别是40.18%、39%。（见图4-2）

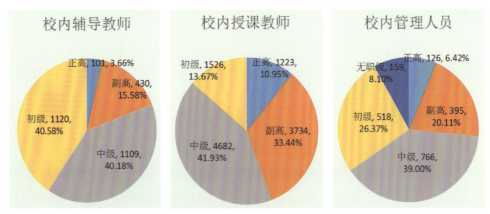

▲图 4-2　全省高校校内高等继续教育教师职称结构比例

数据来源：湖南省高等继续教育发展年度报告数据采集系统

案例 4-3：加强师资队伍建设，提升高等继续教育教学质量

　　湖南文理学院按照学科专业建设规划，注重选聘与培养相结合，提高师资队伍整体素质，建设了一支年龄、学历、职称结构相对合理的教师队伍，能充分满足学生教育教学需要。一是采用校内校外相结合的原则选聘教师，坚持专业主干课程由学校派遣教师，公共课程聘请校外专业技术人员担任相关课程；二是采用分类分层机制培养教师，针对不同类型、不同层次的教师分别采取不同的培养与提升举措，细化培养模式，提升培养效果。引导鼓励各学科领域的专家、教授承担高等继续教育的教学任务。2020 年，该校派出授课老师的专业课程近百门，高等继续教育师生比达到 1∶80。

　　衡阳师范学院为打造"国培计划"培训品牌，探索师资队伍建设新模式。2020 年，该校探索从省内聘请优秀培训专家团队来校承担"国培计划"项目。其中，聘请常德市安乡县教育教学研究室主任王者兰为首席专家，组建专家团队，与学术班主任刘业庆领衔的授课专家团队，共同承担了"全省小学、初中道德与法制"培训项目；聘请衡山县教师发展中心的杨焕新做学术班主任，承担祁东县新任教师入职培训项目。通过聘请校外的首席专家和学术班主任，把先进的培训方法和管理理念带进学校，提高了教师培训工作水平，而且培训效果显著，得到主办单位和受训学员的一致认可。在湖南省教师发展中心发布的《关于2020年度"国培计划""省培计划"实施工作评估结果的通报》中，该校承办的6个项目的考评成绩全部被评为A类。

▲图4-3　为培训专家团队颁发聘书

4.2.2　校外教学站点师资数量增幅明显

近年来，湖南省教育厅抓实校外教学站点审查备案、拟招生专业填报、人才培养方案检查等工作，加强高等学历继续教育管理，压实高校办学责任及其对校外教学站点的管理责任。全省高校为提升高等学历继续教育人才培养质量，加强对校外教学站点师资队伍建设，采取了多种措施。一是选派校内授课教师担任专业主干课程的授课任务；二是审核把关校外教学站点从附近地方高校、科研院所、企业技术和管理人员中聘请的授课教师。随着办学压力从高校下移，向下传导，高等学历继续教育校外教学站点办学逐步规范，师资队伍建设明显加强，教师结构、师资职称结构明显改善。2020年，全省高等学历继续教育校外教学站点聘任教师 31324 人，包含授课教师 15332 人，辅导员（班主任）教师 8574 人，管理人员 7418 人，其中授课教师占 48.95%（见图 4-4）；教师职称结构趋于合理，其中授课教师副高职称以上 5990 人，占 39.07%，而辅导员（班主任）教师、管理人员中副高职称以上 3382 人，占比分别是 27.37%、23.68%（见图 4-5），高等学历继续教育校外教学站点的教学能力和管理能力得到提升。

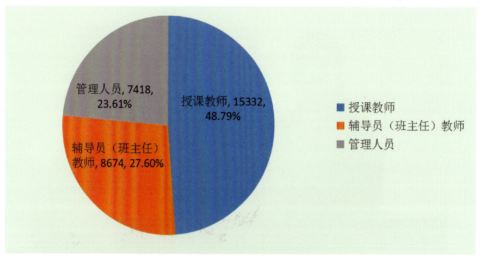

▲图 4-4　全省高校高等继续教育校外教学站点教师结构类型比例
　　数据来源：湖南省高等继续教育发展年度报告数据采集系统

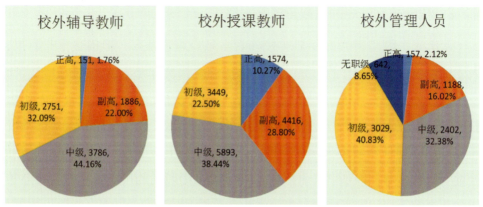

▲图 4-5　全省高校高等继续教育校外教学站点教师职称结构比例
　　数据来源：湖南省高等继续教育发展年度报告数据采集系统

案例 4-4：师资共建共享，管理规范运行

长沙理工大学做到"四个坚持"，强化师资队伍建设。一是坚持落实《成人函授教育教师聘任办法》，严格选聘授课教师，分别建立了主讲教师和辅导教师师资库，入库教师必须具有中级职称或为硕士研究生及以上。二是坚持师资库动态调整。该校与行业企业、当地合作站点共建师资库，共享外聘教师。教师选聘由学校审核把关，优胜劣汰，实行师资库动态管理，入库外聘教师资质必须达到该校的相关规定，函授站点授课教师必须是报该校审核且是师资库中的教师。三是坚持收集意见建议。该校每年召开高等继续教育授课教师座谈会，了解情况，倾听教师对高等继续教育办学的意见和建议。四是坚持教学评议制度和听课制度。该校要求函授站点管理人员定期和不定期进课堂听课，组织学生对教师的教学情况进行评议，将评议结果反馈学校和相关教师，有效提升了教师的教学水平和教学效果。

湖南工业职业技术学院建立过程性教学管理评价指标体系和学习过程管理的教与学的质量评估机制，科学制定和实施"绩效考核制度"，将教师的教学和助学任务进行分类量化，结合任务完成的数量与质量考核教师工作量，并纳入教师晋升职称的重要依据。

4.3 资源建设

4.3.1 教育教学资源供给充裕

全省高校统筹全日制教育与高等学历继续教育协调发展，有效整合办学资源，推动教育教学资源共建共享，强化高等继续教育资源配置。2020 年，全省高校共有纸质图书 12277.64 万册、电子图书 14267.25 万册、电子期刊 4616.12 万册、音视频 3799573.66 小时等，面向高等继续教育学生（学员）开放；全省高校坚持自建与引进相结合，共开设高等继续教育网络课程 16724 门，基本满足了高等继续教育学生（学员）对线上课程资源的学习需求。（见表 4-1）

表 4-1　2019 年、2020 年全省高等继续教育教学资源情况

年份	纸质图书（万册）	电子图书（万册）	电子期刊（万册）	音视频（小时）	网络课程（门）
2019 年	11741.68	14203.64	3956.69	3564716.108	8056
2020 年	12277.64	14267.25	4616.12	3799573.66	16724
新增数量	535.96	63.61	659.43	234857.552	8668

数据来源：湖南省教育事业发展统计和湖南省高等继续教育发展年度报告数据采集系统

4.3.2 教育教学资源总量合理增长

近年来，全省高校加快推进教育教学资源建设，发展高等继续教育。2020 年，全省高校教育教学资源供给有一定程度的增长，其中纸质图书 535.96 万册，增幅为 4.5%。

全省高校积极应对新冠肺炎疫情影响，加快推进高等继续教育资源建设，优化高等继续教育网络课程和数字化资源结构，全面落实"停课不停教、停

课不停学"工作部署。2020 年，全省高校购置电子图书 63.61 万册、电子期刊 659.43 万册、音视频 234857.55 小时、网络课程 8668 门，均有不同程度增长，其中网课课程增长了一倍。（见表 4-1）

案例 4-5：加强数字化资源建设，满足线上学习需求

湖南大学持续增加资金投入，加强在线课程资源制作和平台建设，为提升高等继续教育培养质量奠定了坚实基础。2020 年，国家级专业技术人员高等继续教育基地共上线课程 667 门，其中 8 门公需课，641 门专业课，18 门选修课；成人高等教育累计建设视频课程 244 门，编制专业课程复习资料 132 册；征订教材 25368 册。

湖南开放大学高等学历继续教育"国开学习网"平台 2020 年新增网络课程 152 门。非学历继续教育中，"湖湘学习广场"新增视频 360 个，课程 800 门；湖南老干部（老年）开放大学网站存储容量 2020 年从 2T 升级为 4T；高等继续教育智慧课堂教学课时占总课时的 98% 以上，学生课内外有效参与度达 95%。

4.4 设施设备

4.4.1 专用和共享的设施设备满足教学需求

为改善高等继续教育办学条件，全省高校统筹学校设施设备，坚持教学设施设备专用与共享相结合，不断改善高等继续教育办学条件。2020 年，全省高校高等继续教育专用和共享学校教室 15133 间、实训室和实习场所面积 83.63 万平方米、计算机 22.49 万台、固定资产总值约计 1038584.23 万元，其中教室和计算机的数量占全日制教育相应资产比例均超过 40%，固定资产总值占比也达到了 11%。（见表 4-2）全省高校坚持以教学为中心的理念，教学设施设备向教学倾斜，突出高等继续教育信息化、数字化教学的特点。2020 年，在高等继续教育专用和共享的设施设备中，网络多媒体教室 5147 间，教学用计算机 16.04 万台，教学、科研仪器设备资产值 390041.08 万元，其中教学用计算机占比高达 71.32%，教学、科研仪器设备资产值和网络多媒体教室占比也均超过 34%。（见表 4-2）此外，有 24 所学校建有专用的食堂、公寓（招待所）等专用的基础设施。

表 4-2　2020 年全省高校继续教育专用和共享校内设施设备情况

类型	教室（间）		计算机数（万台）		固定资产总值（万元）	
	共计	其中：网络多媒体教室	共计	其中：教学用计算机	共计	其中：教学、科研仪器设备资产值
高等继续教育	15133	5147	22.49	16.04	1038584.23	390041.08
全日制教育	36503	21809	53.7	39.56	9437556.8	1945200.42

数据来源：据 2020 年湖南省教育事业发展统计和湖南省各高校高等继续教育发展年度报告数据统计

案例 4-6：发挥学校区位优势，提升资源利用效率

怀化职业技术学院整合校区资源，有效实现资源的专用和共享。一是加强专用资源建设。该校充分利用安江农校校区资源优势，打造非学历继续教育培训基地。该校区占地面积 260 余亩，供培训部使用的建筑面积 2 万余平方米，其中多媒体教室 7 间，阶梯教室 1 间，学生寝室 100 多间，实验楼 1 栋，仪器设备齐全。2020 年，培训部阶梯教室装备了投影仪、电脑、音响等教学设备，专用于扶贫培训。二是共享全日制教育资源。高等学历继续教育与主校区全日制教育共享教育教学资源，共用计算机房 12 间，实训大楼 1 栋，实训室 30 间等。此外，共建共享现代远程教育学习中心和信息化机房等。

4.4.2 高等继续教育办学条件逐步改善

近年来，全省高校不断加大经费投入，推进基础设施建设，购置教学、科研设备，逐步提升高等继续教育办学条件。2020 年，全省高校高等继续教育专用和共享设施设备都有不同程度的增加，包括增加固定资产投入127576.4 万元、教室 228 间、实训室和实训场所面积 3.71 万平方米、计算机 1.37万台。其中，固定资产投入增幅最大，增加 14%；其次是计算机的数量，增加 6.49%，实训室和实训场所面积、教室间数增幅分别是 4.64%、1.53%。在高等继续教育专用和共享设施设备中，直接应用于教育教学的设施设备也得到了较大改善，其中教学、科研仪器设备资产值增加 19051.12 万元，增幅为5.14%；教学用计算机数和网络多媒体教室的间数分别增长了 0.58 万台、158间，均增长了 3%。（见表 4-3）

表 4-3　2020 年全省高校继续教育专用和共享设施设备增长情况

年份	教室（间）		计算机数（万台）		固定资产总值（万元）		实训室和实训场所面积（万平方米）
	共计	其中：网络多媒体教室	共计	其中：教学用计算机	共计	其中：教学、科研仪器设备资产值	
2019	14905	4989	21.12	15.46	911007.83	370989.96	79.92
2020	15133	5147	22.49	16.04	1038584.23	390041.08	83.63

数据来源：湖南省各高校高等继续教育发展年度报告数据统计

案例 4-7：加大基础设施投入，教学环境改善明显

湖南汽车工程职业学院深入推进教育教学改革，不断加大高等继续教育基础设施建设力度。2020 年，该校建成高等继续教育培训大楼，占地面积 1800 多平方米，设有接待区、办公区、培训区、住宿区等，满足举办各类培训和承办大型会议的要求，有效改善培训环境。此外，该校还建成大型驾驶员实训场，占地 40 余亩，并配备教练车 45 台，设施设备总投入 1800 余万元。

湖南财政经济学院长沙函授站加快教学设备和生活设施提质改造，改善教学环境。2020 年，该站点总投资 100 余万元，重新装修教室 13 间，并配备空调、投影仪、智能化讲台等设施。同时，严格按照"明厨亮灶"标准新建了学生用餐食堂，改善学生生活环境。

4.5 合作办学

4.5.1 合作办学空间不断拓展

全省高校充分发挥高等继续教育服务功能，助力地方经济发展和脱贫攻坚、行业转型发展、学习型社会建设，聚焦高质量人才培养，坚持"政府指导、项目牵引、优势互补、资源共享、服务发展"的原则，以高等学历继续教育和非学历继续教育为抓手，深化"政校合作、校校合作、校企合作、校地合作"办学模式，整合政、校、企、地等有效资源，扩展合作办学空间。2020 年，与各级地方政府合作举办继续教育的高校有 51 所，与其他省内外学校合作举办继续教育的高校有 76 所，与企事业单位合作举办继续教育的高校有 70 所，与属地街道社区合作办学的高校有 18 所，开展不同合作办学模式的高校数量均有不同程度增长。（见图 4-6）

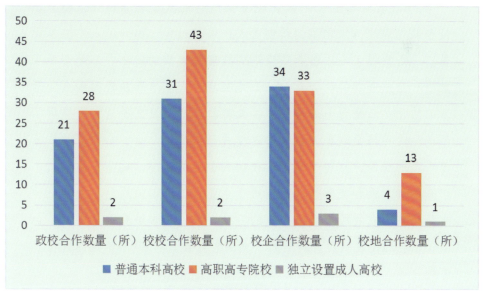

▲图 4-6　2020 年全省高校合作举办继续教育情况

数据来源：湖南省各高校高等继续教育发展年度报告数据统计

案例 4-8：企业订单式培养，助力学生就业创业

湖南农业大学探索校企合作育人新模式，加强高等继续教育创新、创业人才培养。2020 年，该校与湖南生猪养殖龙头企业佳和农牧股份有限公司联合创立了"佳和创新班"，双方共同实施"学校教育＋企业培训＋创业实践"人才培养模式。前四个学期，学校开展学历教育和技能培训课程教学；第五个学期，校企双方共同遴选创新班学生，组建建制班，增设企业培训课程，并为每名学生配备创业导师，组织学生到企业参观，指导学生熟悉行业生产实践，培育企业文化认同感；第六个学期，开展"大学生创业培训"，安排学生到企业实习，接受创业导师、带培师傅的指导，启动"创业基金"，开展创业实践活动等。完成培养方案中所有课程，考核合格的学生毕业后可直接进入企业工作。优秀学生加盟企业后，可得到 1 万元／生的"创业基金"，并获得公司内部配股和分红机会。

"学校教育＋企业培训＋创业实践"的人才培养模式，整合了校企双方资源，优化了创新创业人才培养过程，提升了人才培养质量。一是实现了人才培养从理论到技能和素质的转化。二是实现了学校和企业资源的优势互补。三是实现了人才培养从校园到企业落地的转化。四是为高等学历继续教育脱产班项目高质量发展提供了示范。这种校企联合订单式培养模式还实现了学生、企业、学校三方多赢的局面，打通了学生从校园到企业的通道，提高了高校人才培养的针对性和实效性，也缩短了企业员工培训的周期。创新班学生获得佳和农牧股份有限公司的一致好评，人才培养质量得到了企业和社会的高度认可。《红网》《湖南教育台》等 20 多家媒体进行了专题报道。

4.5.2　校外教学站点管理不断强化

高等学历继续教育校外教学站点是校校合作的重要载体。全省高校坚持履行办学主体责任,以提高办学质量为根本,构建办学管理的标准与工作体系,强化校外教学站点的建设和管理,对校外教学站点办学条件建设、招生宣传及组织、教学和学籍管理、考试组织、学历证书发放、收费等关键节点实施定期与不定期的检查督导,进行全流程、立体化监管。2020年,26所省内主办高校与校外教学站点所在学校重新签订高等学历继续教育合作协议,重新厘定双方权责,对办学不规范的校外教学站点坚决撤销。

案例4-9:强化校外教学站点管理,提升高等继续教育教学质量

湖南师范大学强化校外教学站点监管,构建了办学管理的标准与工作体系,建立了科学的评估与考核机制,实行严格的准入和退出机制。进一步完善教学督导制度,对校外教学站点的招生宣传、学费收取、人员配备、办学条件、管理水平、教学组织等关键节点实施定期与不定期的检查督导。2020年,该校举办了函授教育工作会议,开展了函授站点集中学习与培训,进一步强化了对校外函授站的学籍、财务、教学、培训、学位申报等方面的管理,表彰和奖励高等继续教育年度先进集体,营造了创先争优的浓厚氛围,引导校外站点规范办学。

湖南交通职业技术学院严格落实《湖南省普通高等学校成人教育函授站设置及管理办法》,强化高等继续教育管理。2020年,该校取消所有校外教学站点,高等学历继续教育改由学院直接招生、直接教学、直接管理,严格整肃招生环境,维护学院高等继续教育办学声誉。

4.6 学习支持服务

4.6.1 学习支持服务体系不断健全

2020 年，全省高校突出高等继续教育学生（学员）在学习中的主体地位，以提供随时随地及个性化自主学习支持服务为目标，逐渐建成由资源支持服务、信息支持服务、教学支持服务与管理支持服务组成，集咨询服务、学习体验、学习指导、学生管理为一体的高等继续教育学习支持服务体系，为学生提供引导式、顾问型贴心服务。

案例 4-10：多措并举，构建学习支持服务体系

潇湘职业学院探索在学前、学中、学后各个环节，采取不同工作措施，构建过程性学习支持服务体系。一是学前的学习支持服务。针对已报到注册但尚未正式开始课程学习的新生，该校组织富有高等继续教育经验的课程辅导教师深入班级，与学生进行交流，回答学生关心的各种问题，使学生对本专业的学习要求、学习内容、学习特点、学习方法形成基本了解，缩短了学生高等继续教育的适应期，为学生树立自主学习观念打下良好基础。二是学中的学习支持服务。根据不同类型课程性质和特点，该校采用不同的方法和措施，有效开展学习支持服务活动。如以网络教学为主，集中面授为辅的课程，学校组织教师制作内容全面的电子课件、收集教学参考资料并整理成规范的教学资源发布在学习平台上；以面授为主的课程，主要是强化课堂教学，把问题集中在课堂上解决，并配发相应的教材和导学资料，帮助学生掌握课程内容，拓展学生的知识面。三是学后的学习支持服务。针对课程学习结束后考试之前的学习，该校主要采取个别辅导和集中答疑相结合的方式，组织好期末复习。

湖南水利水电职业技术学院多措并举，有效构建学习支持服务体系。一是组建了任课教师、辅导员、管理人员三支专业化的学习支持服务队伍；二是利用"水利终身学习平台"、超星"学银在线""一平三端"等教学空间平台，搭建学习支持服务网络；三是完善《成人教育教学管理办法》《有效课堂管理》等学习支持服务制度，建立健全高等继续教育学习支持服务工作机制。

4.6.2 学习支持服务平台提升服务质量

2020 年新冠肺炎疫情期间，全省高校贯彻落实"停课不停教、停课不停学"的要求，加快推进学习支持服务信息化建设，同时充分利用公共教育资源及服务平台，构建集教学支持服务平台、管理支持服务平台、服务支持服务平台等于一体的学习支持服务网络，实现信息技术与学习支持服务的深度融合，全面提升高等继续教育学习支持服务质量。2020 年，全省高校共建学习支持服务平台 653 个，较上一年增长了 30.86%；其中，教学平台 310 个，增幅最大，增长了 64.89%，管理平台 200 个、服务平台 143 个，分别增长了 15.61%、3.62%。（见图 4-7）

▲图 4-7 2020 年全省高校继续教育学习支持服务不同类型平台情况
　　数据来源：湖南省高等继续教育发展年度报告数据采集系统

案例 4-11：升级教育教学平台，强化学习支持服务功能

　　湖南工业大学加大经费投入，升级改造原有教学管理平台，强化平台的教学功能、管理功能和服务功能，充分发挥学习支持服务作用，让学生从报名到毕业所有的学习过程（录取、学籍、日常学习、作业、考试、成绩查询、缴费情况等）都能在网上完成，所有教学管理人员和站点老师都可以从平台进行学籍注册管理、教学管理、教材管理、收费管理、毕业管理等，强化学习统一管理，减少线下人员往来，提高工作效率，同时也方便学生学习。该校还优化新平台的大数据分析功能，可全面掌握高等继续教育学生的学习时间、学习实效、作业情况、考试成绩等学习状况，为授课教师改进教学方法、完善教学内容，提供数据参考。

4.7 内部质量管理

4.7.1 教学管理规范有序

全省高校把提升高等学历继续教育教学质量作为工作核心，做到一手抓专业建设、一手抓教学管理，坚持两手抓、两不误、两促进。一是抓好专业建设。全省高校依托学校特色优势开设高等学历继续教育专业，淘汰一批不能适应社会经济发展需要的专业；对标高等学历继续教育专业设置要求，全面修订落实人才培养方案；建立校内授课教师师资库，实行动态调整管理，制定科学授课计划，严格把控专业核心课程教学；探索线上线下"混合式"教学模式，严格落实线下授课时长，保障教学质量。二是抓好教学管理。全省高校以教学检查为抓手，对教师授课、教材使用、期末考试、毕业论文（设计）等关键教学环节进行定期检查、随机检查和专项检查，强化检查结果运用，构建起教学质量监控机制，不断强化教学过程管理。

案例 4-12：抗疫前行保质量，潜心教学育精英

长沙理工大学常德女子外语学校函授站在 2020 年疫情期间，狠抓教学质量不松懈。采取多样化措施，创造性地开展教学活动，保证教学质量。一是坚持"以学生为中心"的教育理念，注重学生自主和个性化学习，在课程教学安排、学生管理、交流互动等各个环节，利用在线教学，实现"教与学的再度整合"。二是以信息化管理为核心进行教学管理。该函授站管理人员和辅导教师通过信息化平台加强对学生的教学管理，建立互动机制。三是创新教学方式，实现在线课程、线下面授、直播教学的有效融合。上半年，采用在线课程与直播教学结合的网络教学；下半年集中线下面授，建立起混合式教学模式，提升了教育教学质量。四是加强在线学习的课堂管理，提高学生参与度。该函授站给每个班级配备专职网上课堂班主任，

全程管理和监督学生的在线学习；授课教师做到在线答疑。五是建立网络交流机制，实现学生自主管理。建立班级微信群和QQ群，班主任定期组织班级线上线下活动，增强集体凝聚力。六是严格考核，建立良好学风。严格记录学生出勤、课堂讨论、在线作业考核，规范开展线下考试，严肃学风考风纪律，引导督促学生养成良好学习习惯。该函授站在疫情期间针对高等继续教育学生和专业特点，成功探索了线上线下、面授和直播教学相融合的教学模式，保证了教学效果。

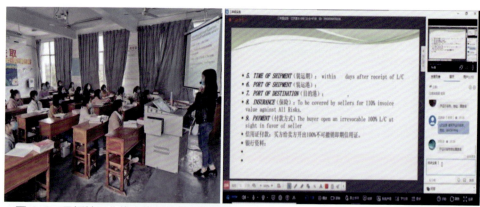

▲图4-8　函授站强化线上线下教学有机结合

4.7.2　学生管理以人为本

新冠肺炎疫情期间，全省高校坚持以人为本的教育理念，建立 11334 人的辅导员（班主任）队伍，依托微信群、QQ 群等信息交互平台提供优质便捷的服务，督促学生按时完成各门课程学习，积极参加考试、毕业论文（设计）答辩等，有效解决了高等学历继续教育学生工学矛盾的后顾之忧。同时，全面了解学生的学习生活需求，并着力解决各种困难。

案例 4-13：抓实抓细各项措施，提升学生管理规范化水平

湖南中医药高等专科学校结合高等继续教育学生特点，强化工作举措，规范学生管理。一是加强招生管理。严格落实高等继续教育招生规定，科学制定招生简章，规范表述招生信息，利用学校网站、微信公众号、智慧校园等新媒体平台，向考生全面真实介绍学校高等继续教育招生专业、教学方式、考核方式、收费标准、毕业证发放等有关情况，积极组织、引导考生填报。二是规范学籍管理。以服务为宗旨，强化细节管理和痕迹管理，严格审查学生入学资格，逐一核实注册信息，确保学生学籍信息准确无误。三是优化考试管理。完善考试制度，严肃考风考纪，做到认真命题、精心组考、细心改卷，规范考试工作环节。四是严格毕业管理。明确毕业要求，优化毕业办理手续，简化毕业办理流程，严格审查毕业条件，确保人才培养质量。

4.7.3 选用教材与课程契合度高

全省高校规范高等学历继续教育教材选用，依照人才培养方案，对标对表课程教学大纲、教学计划和课程教学要求，以质量为标准，优先选用获得省部级以上奖励的优秀教材、规划教材和精品教材，以及近三年出版的新教材或修订版教材。全省部分高校支持和鼓励教师编写符合高等学历继续教育特点的教材及其辅导资料，取得了一定成效。2020 年，全省共有 20 所高校编写教材等资料 271 本，其中，省级以上规划教材 113 本，校本教材 39 本，课程辅导资料 119 本。（见图 4-9）

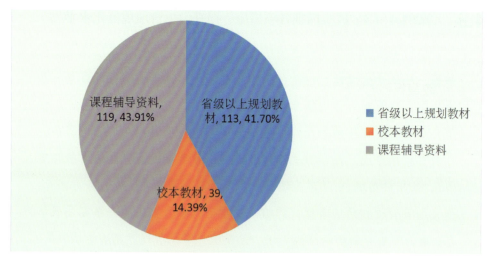

▲图4-9　2020年全省高校高等继续教育教材资料自建情况
数据来源：湖南省各高校高等继续教育发展年度报告数据统计

案例4-14：加强教材建设与管理，确保教材选用质量

　　湖南科技大学根据人才培养方案和教学大纲要求，优先选用近三年出版的国家规划教材或统编教材，鼓励和引导教师编写适合成人特色教材和教学辅导资料，并做到每学期开学时发放到学生手中。2020年，该校购买教材51880册，专业辅导资料12970册，其他图书资料4859册。

　　怀化学院制定了《教材建设与管理办法》《关于哲学社会科学相关专业统一使用马克思主义理论研究和建设工程重点教材的意见》，对教材的选择、征订、使用等各方面作出了明确规定，要求统一使用"马工程教材"，鼓励使用面向21世纪课程教材和专业教学指导委员会推荐的教材。2020年，学校共选用教材1461种，其中省部级（含）以上规划和获奖教材为718种，占比49%。

4.8 外部质量评估

4.8.1 教育行政部门的质量评估体系不断完善

2020 年，湖南省教育厅不断完善高等学历继续教育质量评估体系，加强政策指导和办学监管，规范高等学历继续教育办学行为，提升高等学历继续教育人才培养质量。一是持续开展校外教学站点的审查备案。教育行政部门坚持"校外站点自查、市州教育局审查和省教育厅组织专家审核"的评估模式，严格校外教学站点办学资格审查备案，强化对校外教学站点办学条件、办学活动等的监管。二是强化高等学历继续教育拟招生专业的检查和评估。湖南省教育厅采取"网络审核"和"现场审核"相结合的方式，对全省高校拟招生专业人才培养方案、新增专业的论证材料进行核验和审核，引导高校合理调整优化专业布局、层次、结构，严把专业建设质量关。三是优化高等继续教育年报采集数据的监控。湖南省教育厅组织专家团队，优化高等继续教育年报编制数据的采集指标，委托互联网公司开发数据采集平台，有效监控高校数据填报质量，动态掌握高校数据填报的进程，引导高校科学编制高等继续教育发展报告。

4.8.2 社会第三方机构质量评估持续探索

社会第三方机构质量评估是构建多方参与监管和评价机制中的重要一环，不仅是评估高等继续教育办学质量的重要依据，也是有效推进高等继续教育教学改革，提升高校内部质量管理水平的助推器。2020 年，全省高校质量管理意识不断提高，12 所高校积极引入社会第三方机构开展高等继续教育办学水平和质量评估及认证，其中，普通本科院校 2 所、高职院校 8 所，独立设置成人高校 2 所。

案例 4-15：引入第三方机构评价，助推高等继续教育可持续发展

常德职业技术学院围绕立德树人的根本任务，抓实教育质量提升，建立第三方机构评价机制，全面推进教学工作诊断与改进。2020年，该校引入第三方评价机构麦克思，对护理、临床两个专业全面开展了教学诊断。第三方评价机构在全面占有教育教学资料的基础上，形成了两个专业的诊断报告，明确了两个专业的诊改任务，有效推进了两个专业的诊改建设。该校通过引入第三方评价，提高了教育评价的科学性、专业性、客观性，完善了政府、学校、行业、企业和第三方评价共同参与的教学质量评价机制建设，实现教学质量的稳步提升。

4.8.3 委托（受训）单位的质量评估常态化

委托（受训）单位的质量评估已逐渐成为高校举办非学历继续教育的一个常规动作，也是提高办学质量的保障。全省大部分高校积极探索建立教育教学质量评估制度体系，采取定量与定性相结合，围绕培训方案、课程、师资、实施及保障等，完善质量评估指标体系，构建由委托（受训）单位、参训学员等共同参与的评估机制，有效实现非学历继续教育委托（受训）单位质量评估工作的科学化、规范化和制度化。2020年，全省75所高校开展了非学历继续教育项目培训后的满意度测评，满意度普遍较高。

案例 4-16：丰富多元评价，激发教育教学改革新动能

湖南高速铁路职业技术学院创新评价方式，建立多元评价机制。该校通过调查问卷、座谈等方式积极开展外部教学质量评价，充分吸收学员、行业、企业、家长等多方主体参与质量评价，共同开展人才培养质量评估，实行过程评价与结果评价相结合，形成科学的质量评价体系。2020 年，该校开展毕业生就业质量评价工程，开发了毕业生信息反馈服务系统，及时收集、反馈学生满意率、就业单位满意率，建立健全质量诊断、反馈与改进机制。

4.9 信息化建设

4.9.1 疫情加速了信息化和教育场景的融合

2020 年新冠肺炎疫情影响了线下授课，也倒逼学校、社会对在线教育认知度的提升，成为推动我国教育信息化的加速器。全省高校更新硬件设施设备，保障高等继续教育教学。同时，升级系统服务平台、软件服务平台、学习资源制作平台、学习资源库等软件系统，优化线上教学支持环境。据统计，全省高校信息化设备资产值约为 65.35 亿元。

2020 年，全省高校不断提升教育数字化资源的建设力度，自建和购买高等继续教育网络课程 8668 门。以信息化平台为抓手，鼓励和支持教师创新教学方式，统筹利用各种在线课程平台和各方网络教学资源开展线上教学，并加强学习互动与过程干预，综合运用信息化平台在线答疑、专题讨论、作业批改、资源推送、学习进度提示等，提高学生自主学习效果。

案例 4-17：实施线上教学服务，落实疫情防控要求

湖南财政工业职业技术学院依托"智慧职教"网络学习空间，累计建设院级以上数字化教学资源库 8 个，数字化资源的总容量 8140GB，其中原创性数字化资源的总容量 104GB，教师智慧课堂教学课时占总课时的比例达 64.57%。为贯彻落实疫情防控期间"停课不停教、停课不停学"，确保教学任务不减、教学质量不降，精心遴选智慧树、超星泛雅、智慧职教、腾讯课堂等线上教学资源和平台，根据课程性质和特点，创新在线教学模式，形成了以辅导员为班级学生管理核心、任课教师专注线上教学、技术人员提供技术支撑、教学督导适时监控质量的"四位一体"线上教学管理模式。2020 年，开设线上课程 315 门，421 位教师参与线上授课，7837 名本校学生及其他 900 多所高校、企事业单位院外学员参与线上学习，网络教学资源访问总量达 4000 多万人次，师生互动累计达 20 多万次。

4.9.2 提升管理和服务精细化、人性化水平

2020 年，全省高校贯彻落实《湖南"互联网＋教育"行动计划（2019—2022 年）》，加快高等继续教育信息化管理和服务平台建设，基本实现学籍、教学、考务、学生自主缴费等远程管理和服务，提高管理和服务的精细化、人性化水平，满足了高等继续教育学生（学员）的个性化需求。据统计，全省高校共建立管理和服务平台 343 个，共有管理和服务信息系统数据总量约为 1386 TB，较上一年增长了 23.49%。

案例 4-18：加强信息化建设，促进管理精细化

保险职业学院承办的中国人寿党校培训班，通过充分研判党建系列培训特点，找准发展抓手，激发内生增长动力，奋力延伸党建培训服务触角，利用短平快的网络教学，建立了适应信息化发展趋势和学员需求的线上线下相结合的培训模式，办好"网上党校"，高起点定位，高标准推进线上党建培训工作。虽受疫情影响，但 2020 年利用"网上党校"共举办了 55 期基层党建系列网络培训班，为 6675 名党校学员提供了远程培训服务，真正担负起了"网络发展到哪里，基层党建培训服务就覆盖到哪里"的责任，实现了防疫培训两手抓、两不误、两促进。

▲图 4-10　保险职业学院"网上党校"

4.10 经费保障

4.10.1 办学经费收入大幅下降

高校高等继续教育办学经费收入来源主要包括高等学历继续教育学费、非学历继续教育培训费和其他费用。2020 年，全省高校高等继续教育办学经费总收入为 12.11 亿。其中，高校的高等学历继续教育学费收入 6.99 亿元、非学历继续教育培训费 4.49 亿元，分别占比为 57.8% 和 37.1%；其他收入 0.63 亿元，占比 5.1%。（见表 4-4）

表 4-4 2020 年全省高校继续教育办学经费收入情况

学校类型	学历继续教育学费（万元）	非学历继续教育培训费（万元）	其他收入（万元）	总计（万元）
普通本科高校	46793.45	16567.23	1899.58	65260.26
高等职业学校	8615.25	23101.29	2508.84	34225.38
独立设置成人高校	14528.94	5220.12	1855.60	21604.66
汇总	69937.64	44888.64	6264.02	121090.30

数据来源：湖南省各高校高等继续教育发展年度报告数据统计

2020 年全省高校高等继续教育办学经费总收入与上一年相比减少了 3.74 亿元。其中，非学历继续教育受新冠肺炎疫情影响，培训收入减少了 3.15 亿元，同比减少了 41.2%；其他收入减少 0.21 亿元，同比减少 24.9%；高等学历继续教育学费收入减少 0.39 亿元，同比较少 5.3%。（见图 4-11）

▲图 4-11　近 3 年全省高校高等继续教育办学经费收入情况统计图

　　数据来源：湖南省各高校高等继续教育发展年度报告数据统计

4.10.2　办学经费支出同比下降

　　高校高等继续教育办学经费支出主要包括支付教师薪酬、购置教育教学设备、开展教学活动和其他支出。2020 年，全省高校的高等继续教育办学经费总支出 10.43 亿元，最主要的费用支出是支付教师薪酬和开展教学活动，分别是 3.95 亿元、3.14 亿元，占比 37.88%、30.07%，而购置教学设备的支出占比最少，仅有 1.26 亿元，占 12.09%。（见表 4-5）

表 4-5　2020 年全省高校高等继续教育办学经费支出情况

学校类型	教师薪酬（万元）	教学设备（万元）	教学活动（万元）	其他支出（万元）	总计（万元）
普通本科高校	17585.24	7330.80	10916.79	8622.48	44455.31
高等职业学校	12825.75	4738.97	9205.09	10718.10	37487.91
独立设置成人高校	9092.89	539.18	11241.09	1479.73	22352.89
总计	39503.88	12608.95	31352.97	20820.31	104296.11

　　数据来源：湖南省各高校高等继续教育发展年度报告数据统计

受新冠肺炎疫情影响，办学经费收入大幅下降，也影响了办学经费的开支。2020 年，全省高等继续教育办学经费支出较上一年减少 2.16 亿元，减少率为 17.15%。在所有办学经费支出项目中，其他支出大大压缩，减少 0.91 亿元，同比减少 30.35%；教学设备的投入经费同比减少 0.29 亿元，减少 18.74%；教学活动和教师薪酬的支出相对固定，减少幅度相对较小，分别是 0.43 亿元、0.53 亿元，同比减少 12.18%、11.74%。（见图 4-12）

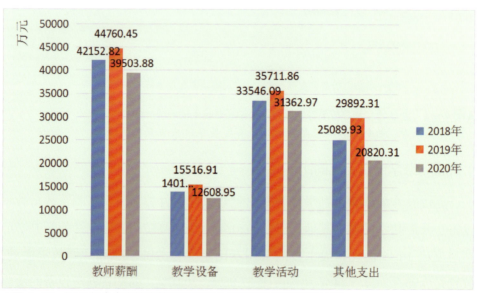

▲图 4-12　近 3 年全省高校高等继续教育办学经费支出情况统计图

　　数据来源：湖南省各高校高等继续教育发展年度报告数据统计

5. 社会贡献

5.1 高等继续教育服务国家战略、行业及经济社会发展与学习型社会建设

5.1.1 精准服务"脱贫攻坚"

2020 年，全省高校深入贯彻精准扶贫战略思想，全面落实省委、省政府关于精准扶贫、精准脱贫的决策部署，充分发挥高校人才和智力优势，多措并举服务脱贫攻坚。一是精准培养农村师资，全省高校开设学前教育、小学教育等高等学历继续教育专业点 44 个，培养教师 59424 名。二是精准培训乡村教师，全省高校开展各类培训项目 83 项、培训班次 111 个，培训乡村教师 10304 名。三是精准结对各类学校，全省高校共计结对贫困地区学校 64 所。四是精准培训贫困农民，全省高校培养农民大学生 9900 人，并开展各类培训项目 20 项、培训班次 100 个，培训新型农民 6601 人次。五是精准帮扶农村学子，全省高校累计帮扶农村学子近 50000 人。

案例 5-1：助力脱贫攻坚，聚焦民生福祉

中南大学在教育服务脱贫攻坚、乡村振兴中，针对贫困地区教育相对薄弱的实际情况，创新智力帮扶方式，以高校优质教育资源和现代教育技术为依托，以贫困地区职业教育和基础教育师资的培养为重点，通过培养和提升当地师资队伍教学能力、教学水平，改善教学条件，达到了提高贫困地区整体教育质量的目的。该校针对对口帮扶的江华瑶族自治县教育实际，已连续 6 年开展基础教育教师信息素养提升培训。该培训项目设计突出扶贫与扶志、扶智结合的理念，坚持"捐赠＋建设＋培训"项目设计思路，构建以基础教育信息化水平提升为目的，捐赠为基础、建设为保障，贯穿全过程的教育扶贫新模式，并辐射全县基础教育。该校先后捐赠电脑近 500 台、多媒体教学设备 40 套、语音室设备 150 套等价值 300 余万元教

育教学设施设备；并组织校友企业筹集 100 万元，为移民安置区学校建设操场及教室配套设施。现代教育技术培训工作贯穿项目实施全过程各阶段，受益教师达万人以上，有效帮助教师利用信息技术查询教学资料，设计教学过程和制作多媒体课件，改革教学模式和方法。该校的教育帮扶项目显著改善了江华瑶族自治县基础教育办学条件，提高了教师的教学水平，成果被人民网、新华社、凤凰网、湖南日报、湖南卫视、红网等 30 余家媒体广泛关注报道。

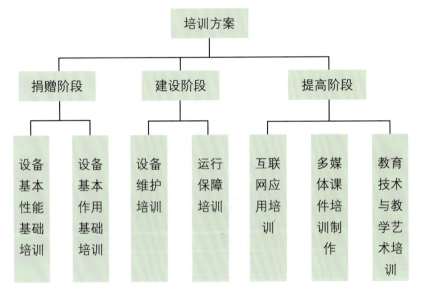

▲图 5-1　基础教育教师现代教育技术培训工作方案

长沙民政职业技术学院积极响应国家"稳就业、利民生"号召，依托学校专业特色和办学优势，积极参与国家"职业技能提升计划"，利用校企合作平台，与湖南金职伟业集团携手开展社会亟需的母婴护理、家政服务等职业培训，并对军嫂、残疾人士以及无业低收入人群进行免费社区培训。2020 年,该校开展家政行业社区培训 45 期，培训社区从业人员 2608 人次。接受培训的社区特殊群体均实现顺利就业，部分学员成为月收入过万的"金牌月嫂"。其中一位来自贫困山区的学员李文丽说，社区培训改变了她的命运，帮助她的家庭实现了脱贫。2020年，该校继续教育学院助力脱贫攻坚案例作为精准扶贫成果案例在全国职业院校决胜脱贫攻坚经验交流会现场展出，助力学校获评全国职教"脱贫攻坚先进集体"。

▲图5-2 组织开展婴幼儿照护技能培训

怀化职业技术学院办好扶贫培训，助力脱贫攻坚。每年选拔40余名校内教学业务骨干和选聘一批校外实践经验丰富技术专家，组成培训专家团队，承担每年扶贫培训任务。该校充分利用近三十年丰富的农业科技与扶贫培训经验，探索出"专家教授上课＋实习实训操作＋现场考察观摩＋国家职业资格考证"的"四位一体"培训教学模式。这种模式坚持理论教学为主体，突出实践性教学，有效实现理论教学、实习实训、现场考察观摩有机结合，培训效果十分明显。近年来，该校组织开展农村科技骨干培训班、贫困村创业致富带头人培训班、"阳光工程"农民创业培训班、新型职业农民培训班以及基层农技人员培训班等共 53 期，培训人数达 16274 人，涉及全省 87 个县（市）区。该校的技能培训推动了武陵山区的洪江柑橘、麻阳猕猴桃、中方刺葡萄、沅陵茶叶、靖州杨梅、新晃黄牛、芷江鸭、雪峰乌骨鸡等特色和支柱产业的发展壮大，极大地改变了贫困地区面貌，还培养出"橙子哥"舒兴华、"养猪王子"田旺、"蜂姑娘"黎晓芳等一大批创新致富典型，实现了"培训一人，脱贫一户，致富一方"。

5.1.2 主动服务"三高四新"战略

2020 年，全省高校主动对接并服务湖南省"三高四新"战略，聚焦先进制造业，实现"人才链、教育链与创新链、产业链"的有机衔接，提升了服务地方产业调结构、促升级的能力。一是紧密对接湖南战略新兴产业链，全省高校开设新能源装备、能源与动力工程、材料科学与工程等相关专业点 376 个，为战略新兴产业培养人才 52007 人。二是紧密对接龙头企业，校企共同组建技术开发中心 23 个。三是发挥高校学科优势、设备优势与师资优势，全省高校开展制造类企业各级各类培训项目 81 项、培训班次 184 个，培训企业员工 16363 人。

案例 5-2：发挥航空特色优势，助推航空产业发展

长沙航空职业技术学院坚持育训结合，对接航空产业链开展航空职业培训，促进航空产业转型升级。该院落实举办高质量培训的法定职责，为行业企业提供各种各样的职业培训服务。发挥军队特色、航空特色教育教学资源优势，开展职业培训和职业技能竞赛。首先，为企业新进员工提供入职培训。2020 年，组织空军装备修理企业新进人员准入资格培训 10 期，培训规模 83916 人日。承办中国航发长江动力公司新进员工团队建设培训。其次，为企业提供技能提升以及各种竞赛培训。3305厂在职员工岗位深化培训、空军研究院系统工程研究所文职人员现场践学培训、4724厂内训师培训、航指委空乘专业职业技能竞赛赛前集训、中国航发南方公司8名参加省市（数控加工中心）竞赛选手的赛前集训、湖南南方通用航空发动机有限公司发动机装配岗位新入职人员航空发动机构造与原理培训等企业职工培训7期，培训规模102127人日。承办中国航发南方公司第五届职工技能运动会，70名选手参加了3个赛项的竞赛；承办航空工业长沙中传机械有限公司第二届职工技能运动会，148人7个工种的理论考试，57名选手参加了4个赛项的竞赛；承办2020年湖南技能大赛，湖南航空制造业职业技能大赛，20名选手参加了4个赛项的竞赛。

5.1.3 深度融入区域发展

2020年，全省高校根据区域主导产业发展状况和企业需求，积极推进协同培养、产教融合、校企合作，基本形成了对接主导产业的高等继续教育办学格局。一是新增与区域主导产业对接的高等学历继续教育专业点17个，撤销与主导产业发展相关度不高的高等学历继续教育专业点33个。二是开展与主导产业对接的非学历继续教育257项，培训企业员工84406人。三是推动与主导产业对接的校企合作，与企业共建各类技术研发中心23个，企业员工培训中心52个。（见表5-1）

表5-1   2020年全省高等继续教育对接主导产业情况

序号	对接产业	对接院校数	对接专业点	学历继续教育培养人数	非学历继续教育培养人数
1	智能制造	45	129	21567	9421
2	轨道交通	16	36	3456	11876
3	电子信息	58	153	42287	9193
4	商贸物流	69	254	124522	85916
5	生态农业	3	4	116	3546
6	文化旅游	53	231	19350	3887
7	医药化工	37	92	32932	4860
8	航空航天	10	12	643	1144

数据来源：2020年湖南省高等继续教育发展年度报告数据采集系统

案例5-3：依托产教融合，助力企业提升职工技术水平

湖南工业职业技术学院依托机械类、汽车类、电工电气类以及信息技术类专业的优势与特色，以"植根装备制造业，服务湖南新型工业化"为指导，以校地联动为平台，产学研相结合，把学校办成生产力的促进中心和创新人才的培养高地，有针对性地开展多种类型的培训，服务区域发展。2020年，该校成立5个企业调研工作组，赴湘潭经开区、长沙经开区、岳麓高新区等10个园区，对山河智能、蓝思科技、远大科技、晟通科技等100余家企业开展调研，了解企业职工技能需求，加强校企合作，联合企业举办职工技能培训项目10余项，为企业培养了数百名高技能人才，有效地提升了企业职工的专业技术水平，强化了企业技术升级能力，促进了区域经济持续快速发展。

▲图5-3 蓝思科技企业班开班仪式

▲图5-4 九城汽车营销企业班教学现场

　　长沙商贸旅游职业技术学院坚持"湘菜"办学特色，依托专业和师资优势，加强校企合作，成立湖南湘菜产业学院，与企业一起编制了《2020年湘菜产业年度报告》，新开发1个员工培训包，2门精品在线开放课程。在2020年新冠肺炎疫情期间，该校主动联系湖南徐记酒店管理有限公司、湖南冰火楼酒店管理有限公司，用专业技能培训，帮助企业稳定人力资源和降低资金压力，助力多家餐饮企业渡过难关。该校为每个培训班精心安排有军训、素质拓展、新冠肺炎病毒防疫知识、企业规章制度等课程。同时，提供减免政策，共为湘菜企业来校培训减免经费近 30 万元。该校培训项目成功帮助餐饮企业稳住人才，培训的湘菜企业员工无一流失。

▲图 5-5　企业员工技能培训班开班典礼、授课现场

5.1.4　着力推动学习型社会建设

高等继续教育是构建终身教育体系和学习型社会的重要基础，是实现国家富强、民族振兴、人民幸福的"伟大中国梦"的重要支撑。2020 年，全省高校深入学习贯彻党和国家加快构建服务全民终身学习的教育体系的决策部署，围绕落实《湖南省老年教育发展规划（2019—2022 年）》《湖南省教育厅等九部门关于进一步推进社区教育发展的实施意见》两个文件要求，积极作为，协同推动，多维度服务学习型社会建设。一是完善社区教育体系，省内县市区级社区学院增加 21 个、乡镇（街道）级社区学校增加 51 个、社区（村）级社区学习中心增加 107 个。二是推动老年教育，完成全省 20 个老年教育学习体验基地验收，充实湖南老干部（老年）开放大学平台课程资源，平台注册人数 143279 人，访问量 3515 万，较去年增长 31%。三是推进学分银行建设，湖南终身教育学分银行信息服务平台注册用户 411365 人，其中 29228 用户存

储了学习成果。四是举办全省全民终身学习活动周，开展了"终身学习品牌项目""百姓学习之星"等项目的评选、"培养终身学习能力，助推大科城建设"主题论坛、湖南社区教育优秀案例征集等活动，营造了全民学习浓厚氛围。

案例 5-4：全民智学，助力"双赢双战"

由湖南省教育厅、怀化市政府主办，怀化市教育局、芷江侗族自治县政府承办的 2020 年湖南省全民终身学习活动周在怀化市芷江侗族自治县举行。开幕式上，表彰了湖南省"百姓学习之星""优秀学习团队""终身学习品牌项目""学习型家庭"和"优秀社区学校"，举行了怀化市优秀社区教育节目展演活动，展示了怀化市社区教育成果。湖南省全民终身学习活动周发挥平台载体作用，引导市州加强终身教育体系建设，建立健全覆盖城乡的社区教育网络；紧贴百姓需求，广泛开展形式多样的学习教育活动；注重提升内涵，推进社区教育与社区治理深度融合；创新学习载体，建好学习平台推动全民智慧学习，使湖南省全民终身教育迈入一个崭新的发展阶段。

▲图 5-6　2020 年湖南省全民终身学习活动周开幕式

5.2 高等继续教育资源面向校内、社会开放服务

5.2.1 优质资源校内全面共享

2020 年，全省高校充分利用信息化教学平台，实现数字化资源共享，将优质的教育资源面向校内开放，满足各类学员对优质教育资源的多样化需求。一是将优质在线开放课程免费向校内开放，全省高校累计提供优质在线开放课程 16724 门。二是开展各类职业技能培训，全省高校累计完成 1+X 证书项目、金融数据分析工程师、大学生创业等各类职业技能培训项目 148 项，培训大学生 93297 人，占全省非学历继续教育培训总人数的 12.65%。

案例 5-5：向校内开放高等继续教育教学设施，共享教育资源

湖南工程职业技术学院建设有集住宿、餐饮、教学、培训（会议）"四位一体"的综合教育培训中心，设有可容纳 200 余人就餐的餐厅、56 间共计 110 个床位的标间宿舍，还有可满足 40 ~ 200 人的培训教室（报告厅）5 间、会议室 2 间等。该校培训中心除了承接区域和行业高规格会议与培训外，还向学校开放，实现优质资源全面共享。培训中心餐厅和学员宿舍向校内师生员工开放，多功能报告厅和会议室承担校内各项活动与工作会议，多媒体培训室供校内各项培训业务使用。

5.2.2 优质服务校外免费开放

2020 年，全省高校通过共享数字化资源、开放科技文体场所，开设科普宣传教育讲座、开展科技文体活动等多种形式，为校外提供优质教育服务。一是将专题课程资源免费向校外开放，累计提供优质在线开放课程 3306 门。二是向社区居民开放图书馆、科普馆、航空馆、体育馆、足球场、篮球场等文体场所，周平均开放时间超过 30 小时。三是开展形式多样的科普宣传教育

讲座，培训社区居民 7187 人次。四是与社区合作共同开展科技文体活动 226 场次，服务社区文化建设。

案例 5-6：打造直播精品课，共享优质教育教学资源

湘潭教育学院积极参与全省中小学教师信息技术应用能力提升工程 2.0，积极支持宋见林老师领衔湘潭市融合研究团队，打造湖湘直播课品牌，实现对湖南及全国中小学教师的信息技术融合创新能力的大规模培训。融合研究团队探索创立的湖湘直播客由课程理念标准化、培训方式标准化、授课模版标准化、操作流程标准化、宣传推广标准化等五个维度构成标准化管理模式，开播后取得巨大成功。截至 2020 年底，湖湘直播课已为湖南中小学教师精心打造了 34 期直播课，累积点播总人次超过 200 万，为湖南节约培训经费 800 多万，并衍生了多项成果，成为湖南教育直播品牌，有力推动了湖南教育信息化的发展，为促进湖南"融合创新"发展做出了重要贡献，曾获得第三届、第四届湖南省教育信息化教学优秀案例。

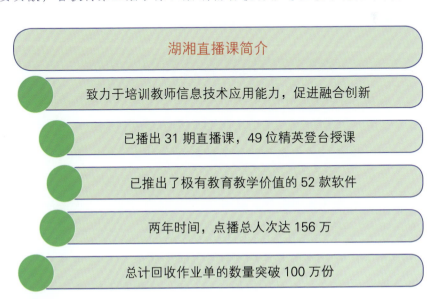

▲图 5-7 湖湘直播课简介

5.3 对口支援与教育帮扶

5.3.1 持续做好对口援疆援藏工作

2020 年，全省高校深入贯彻习近平总书记、党中央关于西藏新疆工作的战略部署，积极做好新时代对口援疆援藏工作。一是从全省 16 所高校选派新一批援疆援藏教师 26 名，对口支援西藏山南市和新疆吐鲁番市相关高校，协助提高对口支援学校科研管理水平、专业建设与课程建设能力。二是充分发挥高校学科特色优势，举办新疆、西藏干部与专业技术人员培训班 11 期，培训人数 2939 人次。（见表 5-2）

表 5-2　2020 年全省非学历继续教育举办新疆、西藏培训班情况

学校类型	参与学校数	项目数	班次	人次
普通本科高校	3	7	7	662
高等职业学校	3	4	9	2277

数据来源：2020 年湖南省高等继续教育发展年度报告数据采集系统

案例 5-7：对口援藏，辛勤园丁大爱无疆

湖南艺术职业学院积极响应省人社厅关于组建湖南省第八批专业技术人才短期援藏工作队的号召，选派黎波同志作为专业技术人员，对口援助西藏山南市旅发局科教与公共服务科。黎波老师入藏半年多时间，走遍了山南 12 县区，累计行程超过 4000 公里，他充分运用艺术设计专业知识，协助全方位宣传山南地区旅游产业，指导完成原创推文 50 余篇，设计宣传资料、册页、户外广告等 200 多幅，深度参与当地多项重大活动的筹备协调，邀请多位在湘高校的教授博导进藏讲学；帮助对口援助部门建机制、立规矩、搭框架、带队伍、优化程序、带好徒弟，形成了一套高效运转的工作机制。

▲图 5-8　援藏教师到琼结县下乡看望慰问藏族小朋友

5.3.2　如期完成教育帮扶工作

2020 年，全省高校深入贯彻习近平总书记关于扶贫工作的重要论述，积极开展教育扶贫工作。一是加强高校干部驻村帮扶工作，全省高校派驻 110 个工作队，认真落实湖南省委扶贫任务，如期实现脱贫目标。二是依托高校在人才、科技、智力、信息、产业等方面优势，为贫困地区开展劳动力素质提升培训 71 期，累计培训人数 47650 人次。三是持续做好校内高等继续教育贫困生帮扶，省人社厅按照 1200 元 / 人的标准对开放教育形式的贫困生进行一次性补贴，各市、县财政也给予一定的学费补助。

案例 5-8：精准施训全帮扶，教育扶智来赋能

湖南第一师范学院利用"湖南省综合改革模式创新试点项目"，采取高校与帮扶项目县"校地合作"的方式，一对一、全方位为古丈县教育教学和教师专业发展提供整县帮扶。聚焦全县教育突出问题，坚持"改革创新与规范管理、顶层设计与基层探索、问题导向与任务驱动、专家引领与本土生长相结合"的原则，以培训需求为

导向，充分发挥该校教师教育的特色和优势，为古丈教育提供全方位的服务。通过将古丈中小学校纳入该校组建的小学教育联盟，在古丈县建立师范生教育实习基地，将省级优秀教育资源引进到古丈县，让该校附属小学与古丈乡镇小学结对帮扶，让专家与古丈教师联合申报课题，手把手地带领一线教师开展教育研究，形成了精准诊断、靶向施策、线上线下、内容丰富的培养体系，取得了学员满意、能力提升、领导认可、特色鲜明的培训效果，有力助推县域基础教育水平的整体提升。

▲图 5-9　"国培计划"古丈县中小学幼儿园中层干部培训班合影

5.3.3　持续实施"农民大学生培养计划"

湖南自 2015 年开始持续实施"农民大学生培养计划"，根据当地党委、政府的要求，实行"订单式"培养。2020 年，以开发教育形式招收 9900 名农民大学生。"农民大学生培养计划"涉及行政管理（村镇管理方向）、法学（农村法律事务方向）2 个本科专业和行政管理（村镇管理方向）、农业经济管理、工商企业管理（乡镇企业管理方向）、法律事务（农村法律服务方向）、茶艺与茶叶营销（茶叶评审与营销方向）、畜牧兽医和休闲农业7个专科专业，培养了一大批农村领军人才，推动了农村产业和经济社会发展，促进了农村先进文化建设，助力了农村精准扶贫工作，探索出培养农村适需人才的新路径。

案例5-9：精准培养农民大学生，打造乡村振兴"人才雁阵"

湖南大众传媒职业技术学院是长沙县农民大学生培养教育基地。2015年以来，该学院受长沙县委组织部委托，发挥高等学历继续教育优势，承接了"长沙县农民大学生培养计划"，面向长沙县广大农村招收农民大学生。该学院坚持"以学生自主学习为中心"，创新"线上教学与线下教学相结合""分散学习与集中教学相结合""课堂教学与实践教学相结合"的"三结合"人才培养模式，抓实线上课堂、线下课堂、实践课堂等三大课堂，强化学员组织管理，提高农民大学生人才培养质量。6年来，共招收培养农民大学生796名，其中208名学员通过学习教育，进入了村支两委班子，成为了村级后备干部，12人成为种粮大户，15人成为养殖专业户，还有一些学员成为了当地知名的"田秀才""土专家"和"专业户"。该学院"农民大学生培养计划"为长沙县培养了一批留得住、用得上、懂技术、会经营的农村基层党员干部和新型农村实用人才，为推动基层党组织建设、助力精准脱贫、乡村振兴等工作提供了强有力的智力支撑。

▲图5-10 组织农民大学生开展实践教学

　　永州职业技术学院依托自身办学和专业优势，与永州市零陵区农业农村局等相关部门签订了培训合作协议，积极开展高素质农民教育培训工作。制定专题培训工作方案，聘请校内外教授专家，构建线下面授、线上学习、实践教学、线上专题交流相结合的教育教学新模式，重点培训"水稻生产技术与病虫害防治""猪的养殖与防疫实用技术""农产品电子商务"等六大内容，以促进现代农业高质量发展为导向，以满足农民理念知识技能需求为核心，以提升培训质量效能为关键。2020年，该校培养高素质农民1500人次，助力乡村振兴战略，推动零陵区一、二、三产业融合发展，为全面打赢脱贫攻坚战提供了"永职力量和智慧"。

▲图5-11　举办农民教育农民培训班教学现场

6.特色创新

6.1 实践特色与模式创新

6.1.1 探索高等学历继续教育体制机制改革

2020 年，为了推进高等学历继续教育体制机制改革，湖南省教育厅组织开展全省高校高等学历继续教育调研，组织相关专家起草了《关于促进湖南省高等学历继续教育规范发展的意见》，从管理体制、办学主体、监管机制、运行机制等方面对全省高等学历继续教育进行整体布局和统筹规划，以教育质量为核心，从标准体系建设、高校自我评价、委托第三方评价、鼓励社会参与评价及评价成果应用等方面构建多维度多层次的质量评价体系，引入"平台 + 教育"服务模式，面向全省高等学历继续教育机构，打造一体化的高等学历继续教育省级平台，实现资源平台、管理平台的互通、衔接与开放。

**案例 6-1：探索培训项目"三级管理、项目负责"的管理体制，
提升培训服务工作质量**

长沙理工大学加强优势学科与培训业务的融合发展，创新培训的管理方法，优化工作程序，完善工作职责，探索形成了一级抓一级，层层抓落实的工作格局。学校分管高等继续教育的校领导对培训工作进行宏观管理和业务指导，继续教育学院主管培训工作的副院长主抓培训项目，培训中心具体负责培训项目的实施。培训中心采用项目负责制，按照"项目分工、集中统筹、协作运行"的工作模式，扎实做好"三个一"，提升培训服务工作质量。组建一个项目工作团队，全面负责项目运行管理，协调项目运行过程中的各类事务，落实班级组织管理。制定一个班级运行方案，落实场地选择、食宿安排、教学日程、课堂管理、学员落地接送、跟班服务要点、合作单位协调事项、授课教师之交通与食宿安排等各个环节的工作，明确班级管理规章制度等各项要求，指导班级日常工作的有序开展。配备一

个专职班主任，全程跟班服务，具体落实班级日常管理、教学过程衔接、后勤保障协调、授课教师服务等工作。必要时，组建班委会、学习小组及班级微信群，及时沟通和处理各项班级事务。

6.1.2　建立高等学历继续教育标准体系

2020 年，为了规范全省高等学历继续教育，湖南省教育厅制定了成人高等教育人才培养方案评价标准，规范了全省高等学历继续教育人才培养方案。细化了成人高等教育函授站设置备案的条件和要求，对成人高等教育函授站设置进行了规范。拟定了高等继续教育年度发展报告评价标准，对全省高校的高等继续教育年度发展报告进行了评定，提高了全省高校高等继续教育年度发展报告质量。

案例 6-2：执行"五统一"教学管理标准，强化函授站点教学工作的监控和评价

湖南工业大学重视高等学历继续教育办学质量，制定了统一教学计划、统一考核标准、统一教材版本、统一培养规格、统一收费标准的"五统一"教学管理标准，建立了一套科学、完善和操作性强的教学质量保障体系，强化对函授站的教学管理工作的监测与评价。该校严格执行"五统一"教学管理标准，多措并举，建立教学监测和评价网络。一是不定期对函授站点的教学、考试等多个环节进行检查和抽查。二是安排校级教学督导团对高等继续教育工作进行检查和督导。三是通过网络和问卷的形式了解学生对高等继续教育的需求和满意度。四是及时收集当地教育行政主管部门对函授站的年度检查意见。通过综合运用监测结果，形成激励与约束相结合的监测和评价机制，有效规范了函授站点的教学行为，保障了教育教学质量。

6.1.3 "互联网 + 继续教育"办学模式逐步形成

2020 年，受新冠肺炎疫情影响，全省高校通过自主购买或开发线上教学平台，共建共享数字化教学资源，实现平台、课程和服务三要素的深度融合，把线上授课和线下实践紧密结合，探索"在线 + 面授"的混合式教学模式改革，着力破解工学矛盾，有效开展高等学历继续教育与非学历继续教育培训；充分利用"湖湘学习广场""湖南老干部（老年）开放大学学习平台""湖南省干部教育培训网络学院"等学习平台开展社区教育、老年教育和干部培训；开发"湖南省高等继续教育年报数据采集平台"，对全省高校继续教育进行质量监控与评估。

案例 6-3：打造优质学习平台，助力人才高地建设

湖南大学国家基地在线学习平台自 2018 年 4 月正式上线以来，立足"互联网 + 继续教育"模式，针对全省专技人员个性化、多样化培训需求，不断丰富课程资源和完善平台功能，为全省专技人员提供优质、高效、随时在线和一站式办理的高等继续教育服务，解决了学员的工学矛盾，优化了学员的学习体验，提升了学员的学习效能。截至 2020 年 12 月，平台通过自建和引进方式共上线 667 门课程，涵盖了 2014—2020 年全部公需课、专业课和公益选修课，累计注册用户 49322 人，累计学习人次突破 8 万人次。

▲图6-1　湖南大学国家级专业技术人员继续教育基地线上学习平台

▲图6-2　2020年开设的线上公需课

6.2 国际交流与合作

6.2.1 扩大国际交流影响力

2020 年，全省高校加强国际交流与合作，立足办学特色和专业优势，接受国外学生来华交流访问与进修培训。一是加大国际学生招生宣传，招收国外 264 名留学生来华进修。二是加强与"一带一路"沿线国家合作，开办各类国际合作研修班 23 期，培训国际学员 705 名。三是吸收国外高等继续教育先进理念，引入国外高等继续教育优质资源与教学项目 3 项。

案例 6-4：服务国家"一带一路"倡议，助推中外经贸合作

2020 年 6 月，教育部等八部门联合印发了《关于加快和扩大新时代教育对外开放的意见》，支持打造教育对外开放新高地。湖南省多所高校响应号召，充分发挥学校办学特色，坚定国际化办学道路，坚持"走出去"与"引进来"并重，创新开拓与提质增效并举，努力创建国际合作新局面。

湖南大众传媒职业技术学院已成为湖南省内高职院校中服务中华文化"走出去"工作的排头兵，作为教育部中外语言交流合作中心（原国家汉办/孔子学院总部）在湖南设立的国际汉语言文化传播基地，连续 12 年成功承办"汉语桥"世界大学生中文大赛，为弘扬中华民族文化，促进不同文明交流互鉴，深化价值认同，增强文化自信，提升中华文化"软实力"做出了积极贡献。目前，该赛事已成为湖南省教育对外交流的闪亮"名片"。该院还是湖南省第一所具有招收国际学生资格的高职院校。近年来，该院对接湖南省"一带一路"沿线国家语言生奖学金项目，培养了一批"一带一路"沿线国家汉语言进修生和专业进修生。同时，该院还与德国、美国、澳大利亚、马来西亚、泰国、韩国等国高校和其他教育机构合作开展学术交流、国际学生培养、课程专业共建、师生互访、文化交流等，不断提升国际化办学水平。2020 年，该院与长安大学联合申请承办的马尔代夫共和国维拉学院汉语中心（孔子学院）正式获批，成为全国首所承办汉语中心（孔子学院）的高职院校。

长沙民政职业技术学院积极服务国家"一带一路"倡议，与老挝、马来西亚、柬埔寨、菲律宾等沿线国家在互学互鉴中构建了立体化多维度合作体系，覆盖境外办学、来华留学、合作办学、师生交流、政校合作等多元项目。2020 年，该校"中国－老挝职业教育战略合作项目"成功入选教育部与外交部指导支持评选出的第三批"中国－东盟高职院校特色合作项目"。该项目以推动构建"中老命运共同体"为宗旨，以中老国际产能合作和老挝经济社会发展需求为导向，以研发《老挝职业教育国家标准》为引领，建立两国"双向职业教育培训基地"，携手老挝湘锋商旅国际发展有限公司等"走出去"企业，开展多元职业技能培训，助力"湘企出海"。

6.2.2 助力"湘企"走出去

全省高校积极响应"一带一路"倡议，伴随省内优势产业"走出去"，加强与境外机构开展教育国际合作。一是积极对接"湘企"拓展国际市场发展需求，量身打造具有国际视野的专业技术人才，为湘企"走出去"输送人才651 人。二是选派了具有国际视野和良好沟通能力的干部和教师，依托"湘企"海外业务，全面开展相关援外技术培训 23 期，培养"湘企"专业技术人员 1433 人。三是与国外大学开展合作办学，建立培养基地 10 个，共同开发国际化专业教学标准、课程标准 66 项。

案例 6-5：发挥高校专业和人才优势，高质赋能"出海"企业

长沙航空职业技术学院对接湘企"出海"需要，发挥学院专业优势，探索国防科技工业军民深度融合发展新模式，依托校企合作平台，为企业定制人才，开展技能培训，助力企业"走出去"。2020年，该校先后为中国航发南方工业有限公司、江麓机电集团有限公司、三一汽车起重机械有限公司、中国电建集团中南勘测设计研究院有限公司、中国能源建设集团湖南省电力设计院有限公司、蓝思科技（长沙）有限公司等 37 家湘企输送优质毕业生 256 人，开展员工培训 328 人次，举办企业员工技能竞赛 3 次，提供技术支持 24 项。

湖南高速铁路职业技术学院携手跨国集团"赢联盟"、中国铁建和中铁二十一局，与几内亚科纳克里大学联合培养铁路运营、管理、维护的全链本土化人才。2020 年，该校与几内亚科纳克里大学签订了合作协议，达成多方合作计划和意向。一是在科纳克里大学合作开办铁路运输、铁道机车车辆两个专业。二是选派教师和翻译赴几内亚教学。三是在科纳克里大学共建海外培训基地。四是与科纳克里大学联合开发国际教学标准。五是针对几内亚铁路建设情况，联合开展科研和技术服务，建立国家实验室。六是开拓学生海外就业渠道，目前该院已有 8 名学生被"赢联盟"录用派驻几内亚工作，实现了国际就业。

湖南财经工业职业技术学院顺应"国家输变电装备高新技术产业化基地"建设要求，与特变电工衡阳变压器有限公司合作校企合作共建应用技术研发中心，解决输变电产品技术升级难题，为"一带一路"沿线国家输出中国技术标准。2020 年，该校深化与特变电工衡阳变压器有限公司合作，开展特变电工东南亚、非洲事业部管理人员培训 127 人次，助推企业升级转型。此外，该校与新西兰商学院、林肯大学，加拿大萨省应用科技学院、萨斯喀彻温省理工学院开展合作办学，共同开发国际化专业教学、课程标准。2020 年，开发会计专业标准和《企业会计》课程标准被新西兰、加拿大采用。据统计,该校开发的岗位标准、技术标准被国(境)外采用的已有 3 个。

6.3 教育教学研究与成果

6.3.1 持续推动高等继续教育教学研究

2020 年，全省高校重视高等继续教育教学研究工作，加大高等继续教育研究的支持力度，鼓励和引导教师开展高等继续教育、社区教育与老年教育的理论研究和教学改革。一是利用湖南省教育科学规划研究项目，开展高等继续教育理论研究，全省高校共立项 17 项。二是利用湖南省高等教育教学改革研究项目和湖南省职业院校教育教学改革项目，开展高等继续教育教学改革研究，全省高校共立项 83 项。三是在湖南省职业院校教育教学改革中设立社区教育研究专项，开展社区教育研究，全省高校共立项 32 项。

6.3.2 逐步提升高等继续教育优秀成果应用

全省高校不断加强高等继续教育教学研究，取得了一系列优秀教学成果。一是全省高校在省部级以上期刊公开发表论文 190 篇，出版学术专著 249 部，出版各类教材 475 部，高等继续教育教学成果及科研论文获奖共计 136 项。二是开展优秀教材遴选工作，遴选出 200 本湖南省职业教育优秀教材，南华大学的《病理生理学》荣获首届全国教材建设奖优秀教材继续教育类二等奖，中南大学的《生命与环境》荣获第三届中国大学出版社图书奖优秀教材奖一等奖。

▲图 6-3 《病理生理学》获首届全国教材建设奖优秀教材继续教育类二等奖

7. 问题挑战

7.1 高等继续教育供需矛盾逐渐突出

　　全省高等继续教育规模不断壮大，体系逐步健全，多元化办学格局基本形成，为数以万计的社会成员提供了学历补偿、技能培训和文化教育，有力促进了劳动者素质和国民科学文化素养提升，为国家现代化建设和区域经济发展提供了重要人才支撑。然而，在全省高等继续教育规模不断增长的背后，供需矛盾、结构失衡的问题已逐渐显现，社会对高等继续教育多元化、高质量的需求已无法满足。一方面是高等学历继续教育与非学历继续教育结构性供需失衡。全省大部分高校仍然把高等学历继续教育作为工作重心，"贪多求大"，盲目扩大办学规模，聚焦经济效益而忽略社会效益，教学质量多遭诟病；而对非学历继续教育没有足够重视，没能充分整合和利用现有资源，做优做特、做大做强，根本无法满足社会各类人员对高质量培训和社区教育的大量需求。据初步统计，全省有 30 余所高校未开展非学历继续教育。另一方面，高等继续教育专业供给与社会需求存在偏差。全省部分高校未能根据产业转型升级的现实需要调整专业设置，出现了专业供给与社会需求矛盾凸显的问题，如190 个专业的实际招生人数远远小于招生计划数，68 个专业因招生规模问题而被停止招生等。

7.2　高等继续教育结构性问题突出

近年来，湖南省高等继续教育积极探索转型发展，实现由重规模扩张的外延式发展向重质量提升的内涵式发展。与此同时，高等继续教育专业、类型、层次和区域等结构性问题逐渐显露出来。一是高等继续教育专业结构同质化问题突出。全省高校普遍设立的专业点数量占比较大，不同类型高校设置相同专业的现象也较为常见；高校各专业人才培养方案基本上是全日制教育的压缩版，在专业设置、课程体系、教育教学等方面没有突出高等继续教育的特点和各高校的办学特色，没有体现高等继续教育的育人规律，存在各高校、各专业人才培养模式趋同、特色匮乏的问题。二是高等继续教育类型结构固化严重。除个别几所高校外，全省大部分高校坚持高等学历继续教育为主、非学历继续教育为辅的办学格局，两者结构比例较为稳定，主要因为高等学历继续教育是卖方市场，办学的主动权在高校自身，而非学历继续教育则是买方市场，办学的主动权在受教育的社会单位或个人；此外，高校普遍对拓展非学历继续教育市场意识不强、积极性不高，存在"等、靠、要"等现象。三是高等继续教育层次结构不够合理。普通本科高校具有天然吸引力和招生优势，是专科专业招生的主力军，其招生规模占专科招生总人数的五成，大大挤压了高等职业学校、独立设置成人高校的专科专业招生空间。据不完全统计，高等职业学校、独立设置成人高校的专科招生专业中有100余个专业未招录到学生。四是高等继续教育区域结构不平衡。中心城市高等继续教育发展较好，偏远地区相对较弱，除高校本身办学定位因素外，主要存在政策倾斜和资金扶持等方面的差别。

7.3　高等继续教育信息化资源重复建设现象较为普遍

新冠肺炎疫情的发生，严重影响了高校正常的教育教学工作。在各级政府的大力推动下，全省高校加快信息化建设，在各个领域广泛应用信息技术，深化教育教学改革，探索新的教学和管理模式，开发教育资源，优化教育过程，促进高等继续教育现代化。然而，全省高等继续教育信息化建设缺少整体统筹和系统设计，各高校往往关起门来自建或购买信息平台和信息化资源，形成信息孤岛，造成了大量信息资源浪费，未能真正实现信息资源的共建、共享和开放。一是高等继续教育信息化水平不高。全省大部分高校的高等继续教育平台建设滞后，且信息化资源以购置为主，自建专业和课程资源较少，存在部分网络课程与专业不匹配的情况。二是信息化资源建设缺乏标准和规范。由于缺乏目标用户分析和技术标准制定等问题，各高校信息化资源建设的质量参差不齐，存在碎片化分布，学习体验不是很好，利用率不高。三是高等继续教育信息化资源共享程度较低。学校内部机构之间、学校与学校之间、学校与企业以及国际之间缺乏联系，沟通、交流和合作的机会少，不能实现信息资源最大限度地共享。四是各类教育信息资源库之间不能有效共享。各类教育数据库之间存在数据割裂，全日制教育与高等继续教育之间、高等学历继续教育与非学历继续教育之间等存在对接障碍，造成了相应学习成果认证与转换机制的不畅通，学分银行建设和推广遭遇技术困境。

7.4　高等继续教育体制机制需要改革创新

近年来，湖南省统筹做好全省高等学历继续教育专业设置和高等继续教育发展年报编制，不断强化高等学历继续教育监管，持续推进社区教育、老年教育科学发展，有力促进高等继续教育规范化、多样化发展。然而，当前的体制机制在激发高校办学活力，推进高等继续教育均衡发展、内涵发展、高质量发展方面，仍需要不断改革创新。一是高等继续教育政策及其配套制度体系不够完善。近几年，国家和省级层面出台或修订的政策制度较难解决高等继续教育发展中暴露出的诸多问题，也难以实现高等继续教育高质量发展。同时，相关政策缺乏相关配套的实施细则和办法措施，无法调动高校工作的积极性和主动性，如高校举办非学历继续教育的热情不够，有效参与社区教育、老年教育的积极性不高。二是高等继续教育质量标准和评价体系尚未健全。当前，全省高等继续教育缺少教育行政部门和有关部门共同制定的质量评价标准以及评价办法，未建立起政府、办学机构、社会多元评价相结合的质量评价模式。此外，专业化的第三方质量评价机构数量不多，政府指导下的常态化质量评价机制尚未形成。三是高等继续教育办学经费投入难以满足需求。高等继续教育经费投入政策不明朗，导致高等继续教育在高校中普遍不受重视，处于边缘化地位，经费投入普遍受限。从统计数据看，全省高校用于高等继续教育的经费支出普遍小于高等继续教育的收入，存在高等继续教育收入被统筹，或被一定比例补贴全日制教育建设等问题。经费投入限制了教育教学资源建设，必然影响人才培养质量。四是高等继续教育理论研究氛围不浓。从整体上看，全省缺乏专注高等继续教育研究的科研团队，高校科研人员对高等继续教育的关注不够，研究力量相对分散，研究内容不聚焦，研究成果数量不多，提出的有关教育理论及对策建议对全省高等继续教育发展和政策制定影响有限。

8.对策建议

8.1 有效增加高等继续教育优质供给

全省高校应深化供给侧结构性改革，加快推进高等继续教育转型发展，逐渐减少不良供给，去除无效供给，提供差异化、多元化的优质供给。一要明确办学定位，优化供给结构。高校应把高等继续教育纳入学校整体发展规划之中，坚持"稳定规模、优化结构、规范管理、整合资源、统筹协调、提升服务"的办学方向和高层次、高质量、高效益的办学目标，科学谋划高等继续教育高质量发展，实现高等继续教育"三个转型"，即从偏重高等继续教育规模发展向内涵发展与稳定规模并重转型，从偏重高等学历教育向高等学历教育与非学历教育并重转型，从粗放式管理向精细化管理和精准服务转型，正确处理规模、质量、结构和效益关系。二要加强供需对接，平衡供需矛盾。高校要坚持以学习者为中心的办学导向，围绕社会经济发展，聚焦湖南省"三高四新"战略，认真调查研究社会需求，依据自身资源优势和专业特色，科学设置高等学历继续教育专业，合理规划招生专业层次和招生规模，满足社会人员对学历层次提升的多样化需求。同时，高校应广泛调研和挖掘企事业单位的培训需求，充分发挥校企合作平台优势，整合校企双方优质资源，创新"理论＋实践"的培训模式，进一步开发多岗位、多层次的培训项目，有效增加优质培训项目供给，逐步实现供需平衡。此外，高校应加大"校地合作"探索，开放资源，以多种形式参与学校周边的社区教育和老年教育。

8.2　加快推进高等继续教育结构优化调整

　　全省高校要加快推进高等继续教育内涵发展，坚持教育规模、质量、结构、效益科学发展，城乡、区域、校际协调发展；坚持优质资源对外开放，努力打破高等继续教育不同类型之间，高等继续教育与全日制教育之间的层层壁垒，吸纳企业、行业、社区等积极参与。一是优化调整高等学历继续教育专业结构。全省高校要依照《高等学历继续教育专业设置管理办法》，规范专业设置，优化调整专业结构，克服专业设置"千校一面"的同质化倾向。普通本科高校、高等职业学校、独立设置成人高校应根据自身的办学能力、优势和特色，调整优化专业结构布局，实现专业错位、特色发展，避免重复建设和无序竞争。二是优化调整高等继续教育类型结构。全省高校应逐步调整高等学历继续教育和非学历继续教育的比例结构，稳步发展高等学历继续教育，大力发展非学历继续教育。加快推进"学分银行"建设，实现不同教育类型学习成果的认定、积累和转换，构建高等继续教育纵向衔接、横向沟通的"立交桥"，畅通不同类型层次高等学历继续教育与非学历继续教育、校内教育与校级教育之间的学习成果转换，实现优质教育资源开放与共享。三是优化调整高等继续教育层次结构。普通本科高校应聚焦本科办学，压缩专科招生规模，探索研究生层次的高等学历继续教育培养模式，适度增加在职人员攻读硕士、博士学位研究生指标；高等职业学校、独立设置成人高校应办好专科特色专业，适当增加招生计划。四是优化调整高等继续教育区域结构。全省高校要立足自身所在区域办学，依据中心城市与地方市州经济发展和人才需求定位的不同，调整办学思路，科学设置所在区域急需专业、培训项目，支持和参与社区教育、老年教育等，实现差异化办学。争取地方政策倾斜和资金扶持，实现特色化、多样化发展。

8.3　建设全省高等继续教育信息化平台

有效整合全省高校教育资源，搭建高等继续教育省级公共服务平台，破除校际间"信息孤岛"，形成高等继续教育发展合力，推进全省高等继续教育高质量均衡发展。一是统筹建设高等继续教育省级公共服务平台。充分运用云计算、大数据、人工智能、区块链技术等，搭建服务职业成长与人的全面发展，集招、教、学、训、管为一体的高等继续教育省级公共服务平台。依托平台开展优质资源共建共享、考试评价服务、学习成果认证积累转换、高等继续教育监测等综合管理服务。以一站式的网络教学和管理平台为依托，打破高校各建平台、彼此孤立、重复建设、利用率低的发展壁垒，有效整合高校间的零散资源，缓解优质课程资源产能不足、供不应求的压力。二是科学制定信息化资源建设标准和规范。组建全省高等继续教育联盟，引导高校作为办学主体入驻高等继续教育省级公共服务平台，统筹制定信息化资源建设标准和规范，有效促进教育教学与现代信息技术的深度融合，实现共建共享数字化教学资源高质量供给，形成区域性集约集群发展的高等继续教育新格局。

8.4　有效创新高等继续教育体制机制

一是建立健全高等继续教育标准体系。构建科学化、规范化的高等继续教育省级标准体系，分级分类制定高等继续教育的机构设置、教学、管理、质量评价等标准。实行高校、校外教学站点、科研院所联动开发，推动高校建设一批学科专业的教学、课程、毕业论文（设计）等相应标准。建立标准评价审核机制，健全标准公开制度，以标准为引领，推进教学方法改革。

二是建立常态化的高等继续教育评价机制。制定高等继续教育办学机构资质认证标准、教师资格认证标准和培养质量标准以及高等学历继续教育、非学历继续教育评价办法，完善高等继续教育质量标准和评价体系；组建高等继续教育评估委员会，每年对各高校继续教育办学质量水平进行抽检、评估，主要评估高校继续教育的办学规范性、教学质量、社会满意度、办学条件等方面。强化过程性评价，改进结果评价，探索赋能增值评价，健全综合评价，充分运用信息技术，增强评价的客观性。实施专业办学水平分类评价制度，采取政府购买服务方式，委托第三方每年开展 1～2 个专业类别排序性评价，定期向社会公布评价结果。

三是健全经费投入机制。建立高等学历继续教育政府补助和非学历继续教育以奖代补、政府购买服务等经费投入模式。合理设置高等继续教育收费标准，规范收费管理。逐步提高个人所得税继续教育专项附加扣除的标准，鼓励和引导公民参与高等继续教育。完善财政、税收、金融、土地等优惠政策，鼓励和引导企事业单位、社会组织和个人捐资助学。健全政府、用人单位、社会组织、个人等多元主体分担、多种渠道筹措的经费保障体系。

四是提高科研支撑能力。支持成立一批高等继续教育或终身教育研究机构，设立一批高校人文社科重点研究基地。适当增加各个科研课题研究专项的比例，引导科研工作者开展中国特色高等继续教育和终身教育的理论、政策与应用研究，为高等继续教育高质量发展提供理论支撑。建立高等继续教育专家库，发挥专家库在高等学历继续教育专业设置、建设、监督和评价等方面的政策研究、论证审议和决策咨询作用。鼓励符合条件的高校设置相应专业或方向，培养高等继续教育和终身教育专业人才。

后 记

　　2020 年是"十三五"规划的收官之年，高等继续教育取得了较好成绩，如期实现了规划确定的主要目标，为实现高质量发展打下了坚实基础，全民学习、终身学习、个性化学习的理念深入人心，高等继续教育体制机制改革加快推进。在湖南省教育厅副厅长王仁祥以及职业教育与成人教育处、高等教育处强有力的领导下，全省各高校的共同参与下，湖南大众传媒职业技术学院的大力支持下，经过编委会的辛勤工作，《湖南省高等继续教育发展年度报告（2020）》如期完成。

　　在本报告工作开展期间，全省各高校高度重视，健全本校高等继续教育发展报告工作机制，落实由主要校领导牵头、部门统筹、专人负责的年度报告编制专班制度，明确年度报告工作的责任部门和主要负责人。各高校全面总结学校 2020 年度高等继续教育工作及其成绩等，及时撰写并上报高等继续教育发展报告、特色案例和相关数据。编委会成员积极工作，全身投入，多次分组修改，集体讨论，最终完成了省级报告。

　　在本报告编撰期间，编委会的工作得到了湖南省教育厅、全省各高校和湖南大众传媒职业技术学院的大力支持，在此，我们向所有给予发展报告编撰工作支持的省厅领导，各高校领导以及从事继续教育工作的各位同仁，湖南大众传媒职业技术学院科研管理处、党政办公室、财务建设处等处室负责人和相关工作人员表示衷心的感谢，向参与本报告数据、资料的收集、整理、研究和编撰工作的编委会全体专家致以诚挚的谢意。

　　本报告如有疏漏和不足，敬请批评指正。我们真诚欢迎大家积极参与并对发展报告的工作提出宝贵意见和建议，以便我们能够不断提高工作质量和水平。

《湖南省高等继续教育发展年度报告（2020)》编委会
2022 年 4 月

图书在版编目（CIP）数据

湖南省高等继续教育发展年度报告.2020/湖南大众传媒职业技术学院编著.——
长沙：湖南师范大学出版社，2022.8
ISBN 978-7-5648-4631-2

Ⅰ.①湖…　Ⅱ.①湖…　Ⅲ.①高等学校—继续教育—研究报告—湖南—
2020　Ⅳ.①G72

中国版本图书馆CIP数据核字（2022）第141630号

HUNAN SHENG GAODENG JIXU JIAOYU FAZHAN NIANDU BAOGAO(2020)
湖南省高等继续教育发展年度报告（2020）

湖南大众传媒职业技术学院　编著

出 版 人｜吴真文
责任编辑｜周基东
责任校对｜胡　雪

出版发行｜湖南师范大学出版社
　　　　　地址：长沙市岳麓区麓山路36号　邮编：410081
　　　　　电话：0731-88853867　88872751
　　　　　传真：0731-88872636
　　　　　网址：https://press.hunnu.edu.cn/
经　　销｜湖南省新华书店
印　　刷｜长沙雅佳印刷有限公司

开　　本｜710 mm×1000 mm　　1/16
印　　张｜7.5
字　　数｜120千字
版　　次｜2022年8月第1版
印　　次｜2022年8月第1次印刷
书　　号｜ISBN 978-7-5648-4631-2

定　　价｜48.00元